Zeit für Ayurveda

Kraft tanken und entspannen in Kerala und Sri Lanka

Olaf Krüger · Kay Maeritz · Edda und Michael Neumann-Adrian
mit einem Vorwort von Martina Miethig

BRUCKMANN

Inhalt

1

2

1 Im Amangalle Resort. **2** Touristin beim Elefantenreiten. **3** Kräuter sind ein wichtiger Bestandteil der Ayurveda-Therapie. **4** Beim traditionellen *kathakali* kommen farbenfrohe Masken zum Einsatz. **5** Blick vom UNESCO-Welterbe Sigiriya, einem Monolithen in Sri Lankas Distrikt Matale.

Am Fuß der Ruvanveliseya Dagoba in Anuradhapura: Zum Vollmond im Juni und Juli entzünden nach Sonnenuntergang die Gläubigen Öllichter.

Ayurveda

Das Wissen vom Leben

1

Die Augen sind abgedeckt, langsam rinnt die warme Flüssigkeit aus dem Messingtopf auf die Stirn, läuft die Schläfen entlang bis hinter die Ohren. Was auf den ersten Blick wie eine mittelalterliche Folterszene aussieht, entpuppt sich als eine angenehme und kribbelnde Wohltat: Die »shirodhara«-Stirnmassage mit erhitztem Sesamöl ist der Höhepunkt einer Ayurveda-Kur. Entspannung pur. Der würzige Duft im abgedunkelten Behandlungsraum in dem Ayurveda-Hotel tut ein Übriges. Draußen kräht ein Hahn, nicht einmal 50 Meter entfernt tost der Indische Ozean. Sri Lanka ist neben dem südindischen Kerala eines der Zentren der rund 5000 Jahre alten, ursprünglich indischen Volksmedizin Ayurveda.

Ayurveda ist zweifellos das älteste überlieferte Gesundheitssystem weltweit mit bis zu 3000 Jahre alten Schriften, die belegen, dass die Ursache vieler Krankheiten damals schon in der (gestörten) Einheit von Körper, Geist und Seele gesucht und behandelt wurde. Dieses basiert wiederum auf dem weitaus älteren Medizinsystem Siddha Vaidya, dessen Ursprung in der Induskultur der drawidischen Völker liegt.

Auf Sri Lanka gibt es nach Jahrtausenden ununterbrochener Ayurveda-Tradition heute sogar ein Ayurveda-Ministerium, einige Tausend sri-lankische Ärzte praktizieren die uralte Wissenschaft noch heute, zu den Patienten gehörte auch die verstorbene Ministerpräsidentin Sirimavo Bandaranaike.

Die Lebensphilosophie in vielen südostasiatischen Ländern entspricht der Ayurveda-Philosophie, etwa der Glaube an die Wirkungsweise von bestimmten Nahrungsmitteln. Zudem ist Ayurveda eine vergleichsweise erschwingliche Medizin, die aus einheimischen Blättern, Kräutern und Wirkstoffen besteht, so gut wie keine (unerwünschten) Nebeneffekte hat und zu Hause angewandt werden kann.

Die Philosophie des Ayurveda stützt sich auf einen ganzheitlichen Ansatz. Der Mensch, und nicht die Krankheit, wird behandelt mit Psychologie, Physiotherapie und der richtigen, möglichst vegetarischen Ernährung. Das Ziel ist die dauerhafte Erhaltung des körperlichen, geistigen und seelischen Wohlergehens.

Am Anfang der Kur steht immer ein ausführliches Gespräch über gegenwärtige und zurückliegende Beschwerden, aber auch über Vorlieben, Abneigungen und Gewohnheiten. In einer gründlichen Untersuchung prüft der Arzt den Puls, die Beschaffenheit von Haut und Nägeln, den Zustand von Augen und Ohren sowie den Zungenbelag. Er tastet die inneren Organe ab und begutachtet die Ausscheidungen. Diese Untersuchungen führen – im Gegensatz zur herkömmlichen Medizin – nicht zur Diagnose einer Krankheit, sondern zur Feststellung der individuellen Konstitution.

Mit der Pulsdiagnose ermittelt der Ayurveda-Arzt den Biorhythmus: das Ungleichgewicht der drei Doshas, der drei Bioenergien namens Vata, Pitta und Kapha. Nicht aufwendige Laboruntersuchungen, sondern die genaue Messung von Puls, Blutdruck und Herzschlag bringen die biorhythmische Störung zum Vorschein – das kann z. B. ein Kapha-Überschuss mit Blasenleiden sein.

Die drei Bioenergien sind von den fünf Elementen der Natur abgeleitet und auf den Körper übertragen: Laut der Ayurveda-Lehre verkörpert Kapha die Eigenschaften der Elemente Erde und Wasser und ist damit für den Flüssigkeits- und Schleimhaushalt und die Widerstandsfähigkeit zuständig. Der Kapha-Typ gilt als ausgeglichen und ruhig im Gegensatz zum tendenziell nervösen Vata- und dem leicht aufbrausenden Pitta-Typ.

Ist die Harmonie der drei Doshas aus der Balance geraten, kommt es laut Ayurveda-Medizinern zu Funktionsstörungen im gesamten Organismus, auch der Psyche. Häufigste Folgen sind rheumatische Erkrankungen, Stoffwechselstörungen, Bronchialleiden, Hautkrankheiten, Magen-Darm-Beschwerden, Nieren- und Blasenleiden, Bluthochdruck und Migräne. Allesamt Krankheitsbilder, die in der Ayurveda-Medizin mit großem Erfolg behandelt werden; in Kombination mit Akupunktur gibt es beispielsweise bei Rückenschmerzen sehr gute Heilungschancen. Aber auch Zuckerkrankheit, Heuschnupfen, Malaria und sogar Epilepsie und Drogenabhängigkeit gehören zum Betätigungsfeld der Ayurveda-Mediziner.

Dr. Upali Pilapitiya, ehemaliger Direktor des Bandaranaike Memorial Ayurvedic Research Institute in Colombo und einer der führenden sri-lankischen Ayurveda-Ärzte mit eigenem Health Resort, warnt dennoch vor Scharlatanen: »Zum einen liegen die Grenzen von Ayurveda bei Krankheiten, die eindeutig mit dem Alter zusammenhängen. Wir können niemanden verjüngen. Und einige Leute wollen nur Geld damit verdienen und behaupten, sie hätten Krebs mit

Ayurveda geheilt. Das ist unmöglich. Man kann der Krebserkrankung mit Ayurveda sicherlich vorbeugen, sie aber nicht heilen.« Früher wurde das Wissen von einer Generation zur nächsten weiterverbreitet, wie auch in der Familie von Dr. Pilapitiya. Heute studieren die meisten Ärzte rund sechs Jahre an der Universität. Bei den unzähligen Hotel-Kuren sollte man unbedingt darauf achten, dass immer ein ausgebildeter Ayurveda-Arzt den Körper und die psychische Konstitution des Patienten während der Therapie beobachtet. Dr. Pilapitiya: »Nur ein bisschen Massage, das ist noch lange kein Ayurveda. Und einen kranken Organismus kann man auch mit Massagen und Dampfbädern ganz schön durcheinanderbringen, wenn nicht sogar schaden!«

Am Anfang der meist dreiwöchigen Therapie wird der Körper während der »Panchakarma«-Behandlung von innen und außen gereinigt, d.h. entschlackt, sodass alle schädlichen Stoffe durch sämtliche Körperöffnungen ausgeschieden werden. Die dazu beispielsweise verabreichten vier schwarzen Kügelchen sorgen für »durchschlagenden« Erfolg – alles kommt raus, und man fühlt sich am nächsten Morgen ausgequetscht wie eine Zitrone. Dann folgt der angenehmere Teil des Behandlungsprogramms: tägliche Massagen mit Unmengen von Öl und viel anschließender Ruhe, Yoga und Meditation im Palmengarten, Dampfbäder im »Schwitzkasten«, Inhalationen sowie Packungen und warme Breiumschläge. Kräuter, Gewürze, Öle, eingesottene Butter und Joghurt sowie Edelmetalle kommen zum Einsatz – je nach individueller Behandlungsstrategie. Krönender Abschluss jeder Ayurveda-Kur: das Bad in einem Blütenmeer aus Lotos und Frangipani.

Neben dem streng einzuhaltenden Diätplan werden den Patienten Verhaltensregeln für die richtige Lebensweise mit auf den Heimweg gegeben – damit Ayurveda seine Wirkung auch nach der Kur langfristig entfalten kann. Das fängt bei morgendlichen Atemübungen an und hört beim Sexualleben noch lange nicht auf, auch Fasten ist manchmal nötig. Doch alles kann man in unseren Breitengraden sicher nicht befolgen: Wer hat hierzulande schon Muße und Gelegenheit, zweimal täglich ein Bad zu nehmen – wenn möglich in Regen- oder Flusswasser?

1 Ein Licht zur Begrüßung – Holzrelief im Somatheeram Ayurvedic Beach Resort. **2** Das ayurvedische Frühstück ist reichhaltig und wird individuell abgestimmt. **3** Behandlungen mit Öl tun Körper und Seele gleichermaßen gut. **4** Die Hibiskuspflanze ist nicht nur hübsch anzusehen, sondern besitzt auch noch heilende Inhaltsstoffe, etwa Zitronensäure, die hilft, Keime im Organismus abzutöten.

Mein Leben mit Ayurveda

C. A. Raman

Ayurveda, das »Wissen vom Leben«, geht auf die Sanskritwörter *ayus* (Leben) und *veda* (Weisheit) zurück. Ayurveda spielte schon immer eine Schlüsselrolle in meinem Leben, ich praktiziere ihn nun seit über 50 Jahren. Mein erster Kontakt mit Ayurveda ist aber sehr viel älter und reicht bis in meine Kindheit zurück. Einer meiner Onkel war ein viel geachteter *vaid* (ein traditioneller Ayurveda-Arzt) in unserem heimatlichen Dorf, und ich durfte ihm oft zusehen, wenn er Patienten behandelte. Als Kind schon war ich von der Art fasziniert, wie er an das Heilen heranging und wie erfolgreich er die Menschen behandelte. Er beeinflusste mich nachhaltig in meiner Jugend und vor allem in meiner Ayurveda-Karriere. In jenen Jahren, glaube ich, traf ich die Entscheidung, selbst ein *vaid* zu werden, und mein Onkel bestärkte mich in diesem Entschluss.

1

Damals waren alle Ayurveda-Lehrbücher nur auf Sanskrit erhältlich, sodass ich in meiner Schulzeit mit dem Studium dieser uralten Sprache begann, der ich mich acht Jahre lang widmete. Die große Sastry-Prüfung (in Sanskrit) bestand ich mit Auszeichnung. Später setzte ich meine Sanskrit-Studien am Sanskrit-College in Thiruvananthapuram (früher Trivandrum) fort. 1953 schrieb ich mich zu einem fünfjährigen Ayurveda-Lehrgang am Government Ayurveda College ein. Noch vor Abschluss der Studien begann ich, als Assistenzarzt von K. Chandrasekharan, einem Professor und *marma-vaid*, Ayurveda zu praktizieren. Von ihm lernte ich viel über die *marma*-Behandlung. Die *marma*-Punkte sind wichtige, über den ganzen Körper verstreute Vitalpunkte (es gibt mehr als 100 davon). Nur erfahrene ayurvedische *vaids* und Therapeuten vermögen es, diese Vitalpunkte zu stimulieren, die den Heilungsprozess auslösen.

Ich konnte meine Ayurveda-Kenntnisse immer weiter vertiefen, etwa als ich 1961 als Apotheker-Arzt am Government Ayurveda College Pharmacy arbeitete. Anders als in Europa spielt Ayurveda eine wesentliche Rolle in der begleitenden medizinischen Betreuung der Bevölkerung. Während der britischen Kolonialherrschaft war die Ausübung von Ayurveda verboten, da es als wirkungsloser Hokuspokus von »Tribals« abgetan wurde. Die Philosophie des Ayurveda passte nicht zu den britischen Ansprüchen an ein anerkanntes schulmedizinisches System. Daher konnte Ayurveda in Praxis und Forschung nur insgeheim fortgeführt werden.

Die indischen Kaiser und Herrscher respektierten und schätzten die uralte Lehre immer hoch. So etwa verfügte der Maharaja von Thiruvithaamkoor (heute ein Teil Keralas) vor bald 120 Jahren mit fürstlichem Erlass, innerhalb seiner Verwaltung eine Abteilung für Ayurveda zu schaffen.

Nachdem Indien seine staatliche Unabhängigkeit errang, erfuhr Ayurveda landesweit rasche Verbreitung. Dies erklärt sich nicht nur durch die Wirksamkeit der Ayurveda-Medizin und das Fehlen unerwünschter Nebenwirkungen, sondern auch dadurch, dass sie für jedermann erschwinglich war und immer noch ist. Wegen der Bedeutung von Ayurveda für die indische Bevölkerung gründete das Gesundheitsministerium eines jeden Bundesstaats eine eigenständige Abteilung für Ayurveda und Ayurveda-Forschung.

Tribal-Wissen fürs moderne Indien

Mit Gottes Güte fügte es sich 1979, dass ich von der Regierung des Bundesstaates Kerala als Direktor der Abteilung »Indian Systems of Medicine« eingesetzt wurde. 1986 folgte die Ernennung zum Sonderbeauftragten für Volksmedizin und volksmedizinische Therapie am Ayurveda Research Centre des Staates Kerala, ein Amt, das ich zwei Jahre innehatte. Es erfüllt mich mit Stolz, sagen zu können, dass ich bislang der Einzige bin, dem dieser Titel verliehen wurde. Diese Jahre trugen entscheidend zur Erweiterung meiner Kenntnisse über Tribal-Medizin bei, da ich die Möglichkeit bekam, abgeschieden lebenden Stämmen zu begegnen und mich mit ihnen auszutauschen. Deren uraltes Wissen um Heilpflanzen und Behandlungsmethoden wird immer noch nur mündlich von Generation zu Generation tradiert. Da ich von ihrem Medizinwissen tief beeindruckt war, veranlasste ich eine Studie darüber. Das Ziel war, ihr Wissen und ihre Kultur in einem modernen Indien zu erhalten.

Der bisher letzte Abschnitt meines gegenwärtigen Lebens begann 1995. Herr Polly Mathew fragte mich, ob ich dem Ayurveda-Gesundheitszentrum Somatheeram als Chefarzt beitreten möchte. Es gab keine andere Institution in Indien, die Ayurveda so intensiv förderte, sodass ich es als einmalige Chance sah, die uralte Gesundheitslehre auch außerhalb Indiens bekannt zu machen. Ich wurde zum Leiter der Ayurveda-Abteilung ernannt, eine Position, die ich bis heute bekleide. Mein Aufgabengebiet umfasst das Management

dieser Abteilung, die Forschung im Bereich neuer Therapien und Produkte sowie die Überwachung der Herstellung von über 100 verschiedenen Ayurveda-Arzneimitteln.

1 Dr. C.A. Raman ist seit über 50 Jahren Spezialist für Ayurveda und seit 10 Jahren Chefarzt der Somatheeram Ayurvedic Health Group.
2 Arzneimittelherstellung am Ayurveda-Hospital von Cheruthuruthy bei Thrissur.

Die neuen Patienten: Europäer

Anders als früher widme ich mich heute in Somatheeram vorrangig ausländischen Patienten. Ich war 64 Jahre alt, als ich hierherkam, und es war für mich eine völlig neue Erfahrung. Bis dahin besaßen alle von mir behandelten Patienten ein Grundwissen in Ayurveda und stellten weder meine Autorität noch die Wirksamkeit der von mir empfohlenen Behandlung infrage. Anders die Europäer: Die meisten erlebten Ayurveda zum ersten Mal und waren überhaupt nicht vertraut mit dieser traditionellen Medizin und den damit verwandten Aspekten, wie etwa der anderen Art der medizinischen Untersuchung, dem holistischen (ganzheitlichen) Vorgehen oder den verwendeten Arzneimitteln. Einige Patienten glaubten, Ayurveda sei eine Art Wellness-Programm, und es überraschte sie, als sie erfuhren, dass es nicht nur eine ernst zu nehmende, sondern auch die vermutlich älteste medizinische Lehre weltweit ist, deren Wurzeln fast 5000 Jahre zurückreichen.
Ich traf – und treffe zum Teil immer noch – auf Skepsis, wenn ich die Ayurveda-Philosophie erläutere oder über Therapien spreche, in denen Ayurveda höchst wirksam ist. Die Menschen im Westen denken anders. Das Grundprinzip von Ayurveda ist der *tridosha*-Begriff. Demnach kann Gesundheit nur erhalten bleiben, wenn das individuelle Gleichgewicht der drei *doshas* gewährleistet ist, die die fünf Elemente Luft und Raum (*vata*), Feuer (*pitta*) und Erde und Wasser (*kapha*) darstellen. Diese *doshas* können als verschiedene Formen der Lebensenergien angesehen werden.
Europäer haben häufig Mühe, daran zu glauben. Sie halten die Allopathie mit ihrem rationalen und wissenschaftlichen Ansatz für das einzig wahre medizinische System. Allopathie ist in der Tat ein gutes medizinisches System, und bei vielen Krankheiten und besonders in Notfällen bietet es schnellste Lösungen, während Ayurveda für den Heilungsprozess Zeit voraussetzt. Die Erkenntnisse der Schulmedizin basieren auf Studien und Fakten sowie auf einer Menge moderner technischer Diagnose- und Therapiemethoden. Das ist auch gut so, aber die Schulmedizin ist ein noch sehr junges System – und Weisheit kommt mit dem Alter. Deshalb ist Ayurveda in vielerlei Hinsicht effizienter als die Allopathie der Schulmedizin. Das Ayurveda-Wissen vom Leben, von den Heilpflanzen und Krankheiten wurde von *vaid* zu *vaid*, von Generation zu Generation übertragen, und das über Tausende Jahre hinweg.

Ayurveda – ein individueller Weg

In meinen Patientengesprächen unterstreiche ich den individuellen Weg zur Gesundheit, denn dieser ist der Schlüssel für die nach-

haltigen Erfolge von Ayurveda. In Ayurveda ist jeder Therapieplan individuell, weil jeder Patient einzigartig ist. Es kann sein, dass zur Heilung des einen Patienten Extrakte einer bestimmten Heilpflanze erforderlich sind, während dieselbe Pflanze bei einem anderen völlig unwirksam ist. Dank dieser Vorgehensweise, die eine überaus gründliche Untersuchung voraussetzt, werden Nebenwirkungen der Medikamente vermieden. Ayurveda ist auch deshalb so erfolgreich, weil die Ayurveda-Arzneimittel keine Chemikalien enthalten, die sich im Körper ablagern. Alle Rezepturen basieren auf der Natur.

Ich freue mich, wenn ich sehe, wie ein skeptischer Patient, den ein Leiden jahrelang plagte, nach wenigen Wochen Therapie geheilt ist. Ich erinnere mich an einen Patienten, der seit über 20 Jahren unter Sodbrennen litt. Sein Zustand war so schlecht, dass er im Alltag eine sehr strenge Diät einhalten musste. Der Patient versuchte es mit allen möglichen Medikationen, die wirkungslos blieben, bis er sich Ayurveda zuwandte. Wir brauchten nicht mehr als zwei Wochen, um eine deutliche Besserung zu erreichen. Er setzte die Therapie in Europa fort und war innerhalb von drei Monaten geheilt. Für ihn kam die Heilung einem Wunder gleich, und er war überaus glücklich. Für uns war das keine Überraschung; vielmehr wären wir überrascht gewesen, wenn die Behandlung versagt hätte.

Das ist natürlich nur ein Beispiel, aber in meinem Alltag begegneten mir viele Patienten mit schweren Leiden wie Asthma, Lähmung, Parkinson, Psoriasis und schweren Arthritis- sowie Rheumaformen. Und überaus zahlreich sind die Fälle, in denen entgegen der Prognosen der Schulmedizin oder den Erwartungen der Patienten anhaltende Besserungen erreicht wurden.

Chronische Leiden wirksam behandeln

Wie erklärt sich das? Warum ist Ayurveda um so viel wirksamer, wenn es um die Heilung besonderer chronischer Leiden geht? Die Antwort darauf finden wir erneut im Prinzip der ganzheitlichen Betrachtung. Die Behandlung (und wichtiger noch die Prävention) von Beschwerden umfasst Veränderungen in der Lebens- und Ernährungsweise, die in Einklang mit den eigenen *doshas* stehen müssen. Wir müssen unseren Alltag den *doshas* anpassen. Im Winter müssen wir uns anders ernähren als in den Sommermonaten. Die Harmonie von Körper, Geist und Seele muss wiederhergestellt werden. Viele Hautkrankheiten wie Psoriasis (Schuppenflechte) haben ihre Ursache in einem psychischen Ungleichgewicht. Daher müssen Yoga und Meditation Teil des Therapieplans sein, denn ohne sie scheitert jede Behandlung. Mein eindringlicher Appell an die Euro-

päer ist der, dass die Heilung einer Krankheit eine gewisse Zeit benötigt. Die Allopathie führt zu sofortigen Ergebnissen; man schluckt eine Tablette gegen Schlaflosigkeit und findet Schlaf; man kuriert die Symptome, beseitigt man aber auch die Ursachen?
Das Ansehen von Ayurveda steigt heute weltweit unermesslich an. Immer neue Bücher über Ayurveda, über die Ayurveda-Küche und Ayurveda-Lebensart sind in vielen Ländern zu haben. Immer mehr Menschen beginnen über die eigene Gesundheit nachzudenken. Diese Entwicklungen sind auch für Indien gut, denn es wächst die Zahl der Regierungsinitiativen zum Erhalt und zum Studium dieses uralten Wissens und der zahlreichen Heilpflanzen, die überall wachsen. Ich glaube aber, dass der entscheidende Wandel darin besteht, dass die Menschen zunehmend verantwortungsvoller mit sich selbst umgehen. Ziel von Ayurveda ist nicht nur die Heilung von Beschwerden. Beim Ayurveda geht es um die Vermeidung von Krankheiten durch gesunde Lebensführung. Immer mehr Menschen beginnen diesen wesentlichen Unterschied zu erkennen.
Das Leben in Indien ist immer noch sehr ruhig, außer in den Großstädten. Aber in Europa sind die Menschen sehr hektisch, sie neigen dazu, alles in Zeiteinheiten zu messen und finden nicht einmal die Zeit, um in Muße zu essen.

1 Die Abhyanga wird speziell auf den eigenen Ayurveda-Typ abgestimmt. **2** Gewürze auf Rädern: Kardamom, Gelbwurz und Gewürznelke verströmen den Duft der Malabarküste im Purity-Resort am Vembanad-See. **3** Edles Ambiente – eine Mitarbeiterin des Harivihar Ayurvedic Heritage Home auf dem Weg zu einer Behandlung. **4** Tanzszenen in der Natur sind ein Lieblingsmotiv in indischen Filmen. **5** Im angesehenen Samajam-Hospital in Cheruthurutty werden pflanzliche Medikamente hergestellt.

Der gegenwärtige Boom von Ayurveda in den westlichen Industrienationen spiegelt einen Wandel in den Einstellungen wider. Allmählich erkennen sie, dass ein anderer Lebensstil für ihr Wohlbefinden und ihre geistige Ausgeglichenheit notwendig ist. Ich hoffe, dass die Ayurveda-Philosophie immer mehr Menschen anzieht.
Ich lebe nach den Ayurveda-Grundsätzen. Ayurveda beschreibt jahreszeitliche und tägliche Verhaltensweisen, die ich in meinem Leben vom Sonnenaufgang an praktiziere. Zum Beispiel beginne ich den Tag mit Yoga und Meditation. Danach trage ich Öl auf Kopf, Ohren und Füße auf. Ich wähle meine Speisen gemäß der Jahreszeit und erlaube dem Geist, sich nach dem Essen auszuruhen. Da ich die Vorschriften einhalte, war ich noch nie ernsthaft krank. Ich bin 75 Jahre alt und danke Gott dafür, dass ich gesund bin.

Kerala

Wandmalerei im Shiva-Tempel
von Ettumanu.

Willkommen in Kerala

1

Kerala in aller Frühe: Das kann schon vor dem Frühstück ein Bad im Meer sein, während man den Fischern zuschaut, wie sie nach langer Nacht heimkommen. Kilometerweit sieht man Sand, Meer und Kokospalmen, aber kein einziges Bauwerk. An einem anderen Morgen sind wir im Elefantenwald unterwegs, unter den mächtigen Bäumen des Periyar-Nationalparks von Langur-Affen beobachtet. Dem Führer, einst wohl ein *poacher*, ein Wilderer, gelingt es fast immer, eine Elefantenfamilie aufzuspüren – und er weiß, wie nahe er uns an sie heranbringen darf, ohne ein Risiko einzugehen.

Kein anderer indischer Bundesstaat zwischen dem Himalaya und dem tamilischen Südkap Kanyakumari ist so reich an Wasser. In Kerala werden die jährlichen Monsunregen vom Gebirge aufgefangen und strömen in mehr als 40 Flüssen ins Tiefland. Tausende Bauern setzen Reispflänzchen in die überschwemmten Felder, sie können im subtropischen Klima zwei- bis dreimal im Jahr ernten.

Wie grüne Girlanden säumen die Kokosnusspalmwedel die Strände. Kokosnüsse werden zu Millionen geerntet, Kokosfasern (*coir*) zu einer Fülle von Produkten verarbeitet. Im Schatten der Palmwälder haben die Einwohner ihre Häuser gebaut, abseits der Städte. Wie dicht Kerala besiedelt ist – über 800 Menschen pro Quadratkilometer –, nimmt der Besucher darum erst auf den zweiten oder dritten Blick wahr. In den Bergwäldern gedeiht seit Jahrtausenden der Großteil der beliebten Gewürze.

»Ich kenne keine Pflanze, die nicht als Heilpflanze nützlich wäre«, sagte uns ein Arzt aus Kerala. Hoch entwickeltes Pflanzenwissen ist hier Berufsbasis. Es ist noch nicht lange her, dass in Europa, Amerika und Australien kaum jemand etwas mit dem Begriff Ayurveda anzufangen wusste. In erstaunlich raschem Tempo breiten sich heute Ayurveda-Zentren zugleich in Südindien und in den reichen Industrieländern aus. Zu den Ursachen gehören nicht nur die hochgesteckten Erwartungen an die sanfte südindische Heilkunde, sondern auch das wachsende Misstrauen der Patienten gegenüber der Apparatemedizin und ihre Klage über mangelnde persönliche Zuwendung. Gerade darin sind qualifizierte Ayurveda-Zentren gut: Nicht nur die Blutwerte, auch die individuelle Befindlichkeit werden wahr- und ernst genommen. Im Übrigen verhehlen Ayurveda-Ärzte ebenso wenig wie ihre Kollegen von der noch älteren Siddha-Gesundheitslehre, dass ihre Behandlungsmethoden erstens sehr langfristig angelegt sind, zweitens oft eine Umstellung der Lebensweise erfordern und sich drittens bei vielen Krankheiten als sinnvoller oder rascher wirksam erweisen als die westliche Schulmedizin.

Große Erfahrung in ayurvedisch aktiver Gastlichkeit hat etwa das »Somatheeram« am Chowara-Strand südlich von Keralas Hauptstadt Thiruvananthapuram. Ein Nonplusultra persönlicher Zuwendung und hohen Komforts erwartet den Gast seit 2004 im »Kalari Kovilakom«, einem ehemaligen Landschloss der Malabar-Herrscher. Gesundung und innere Harmonie sind nicht in utopischer Ferne zu suchen, sondern im eigenen Selbst, so das Konzept dieses »Palace of Ayurveda«. Gründer von »Kalari Kovilakom« sind die kreativen Brüder der Dominic-Familie (cghEarth), die ihre Hotels seit Jahrzehnten mit ökologischer Verantwortung führen.

Seine neue Rolle als hochkarätiges Tourismusziel verdankt Kerala vor allem seiner gastlich geöffneten Landschaft und Natur. Kaum anderthalb Jahrzehnte sind vergangen, seit die ersten pittoresken Bambus- und Palmblatt-Hausboote im Backwaters-Netzwerk der Flüsse und Kanäle erschienen. Heute kreuzen über 400, wohl schon bald 1000 Hausboote im Dienst der Erholung. Schon tauchen – was Wunder in diesem Land, in dem Natur und Hightech locker koexistieren – ganz anders konstruierte Schiffe auf, mit Bordwänden aus Alu, Steinwolle und Furnierholz, mit Flüssiggas und Batterien betrieben, mit Wasserfiltern und Wärmeaustauschern ausgerüstet. Dank internationaler Reisemagazine ist Kerala in die Spitzengruppe der touristischen Reiseziele aufgestiegen, seit wenigen Jahren zieht ganz Indien nach, das seit Jahrzehnten als Reiseziel hinter anderen Ländern Süd- und Südostasiens und auch hinter China stand und mit einem Negativ-Image als Elendsland gebrandmarkt war. Der Aufstieg der indischen Wirtschaft seit Anfang der 1990er-Jahre – und hier im Besonderen die neue Rolle in der globalen IT-Technik – korrigiert dieses einseitige Bild. Genau auf diesen Kontrast von Vorurteil und Wirklichkeit spielt unter dem Motto »Incredible India« die Werbekampagne des indischen Tourismusministeriums an.

»There is Kerala and there is India«, heißt es im Süden, und wer öfters in Indien war, wird zustimmen. In Kerala sind viel weniger Städte ins Riesenhafte gewachsen, zudem ist hier vieles, was an-

4

5

1 Im Veli-Park in Thiruvananthapuram: Filmschauspielerin in einer Drehpause. **2** Ballett auf Elefanten - Pujaris schwenken Wedel aus Yakwolle beim großen Thrissur-Pooram. **3** Ungezählte Gäste schlägt die Schönheit Keralas bereits beim ersten Besuch in Bann. **4** Keralas Pflanzen- und Blütenpracht ist unvergleichlich vielfältig. **5** Kokosnussmilch statt Coca-Cola.

derswo in Indien mühsam sein kann, gut organisiert. Damit hängt ein weitaus wichtigerer Punkt zusammen: Lesen und Schreiben sind in Kerala ebenso verbreitet wie in Mitteleuropa. Darum ist drastische Armut selten, und wer keine Arbeit findet, sucht Chancen im Ausland. Doch wächst mit dem wirtschaftlichen Erfolg glücklicherweise auch die Zahl der Rückwanderer.

Frauen sind in Kerala der uneingeschränkten Gleichberechtigung näher als in anderen Bundesstaaten. Noch bis ins frühe 20. Jahrhundert kannte man sogar eine matrilineare Erbfolge. Mit der Landreform nach dem Ende der Kolonialherrschaft hat eine frei gewählte, kommunistische Regierung den Großgrundbesitz aufgeteilt und den Bauern zu eigenem Land verholfen. Marx wäre überrascht, Teile seiner anderswo immer gewaltsam zur Herrschaft gelangten Lehre gerade unter Hindus, Christen und Muslims friedlich praktiziert zu finden ...

1

2

3

4

Hafen der hundert Hoffnungen

Kochi: Südindiens schönstes Tor zur Welt

Kochi, bester Hafen der Westküste südlich von Mumbai, bewahrt auf Inseln und Halbinseln den ruhigen Lebensrhythmus alter Zeiten. Ernakulam ist Kochis dynamische Schwesterstadt auf dem Festland.

Gibt es eine Stadt, mit der Kochi, »The Queen of the Arabian Sea«, zu vergleichen wäre? Ja, mit Venedig, der Adria-Königin. Venezias Liebhaber protestieren zwar gleich, weil Kochi ja weder seine Kanäle und Brücken noch seine Paläste nach Hunderten zählen kann. Auch mit keiner Schauseite wie dem Dogenpalast prangt und insgesamt von bescheidenerer Gestalt ist. Vergleichbar ist nicht die Architektur, aber das Lebensgefühl. Beide, das indische Kochi wie die italienische Serenissima, schenken ihren Besuchern das Glückserlebnis einer mit dem Meer und seinen Inseln verschwisterten Stadtlandschaft. Beider Geschichte überdauert in einzigartigen Architekturen, in beiden leben bis heute Menschen vieler Völker. An Kochis zahllosen Ausblicken über die von Schiffen durchpflügten Meeresarme kann sich kein Auge sattsehen.

Kaum ein anderes Altstadtviertel Südindiens ist so fußgängerfreundlich wie Fort Kochi an der Spitze der südwestlichen Halbinsel, hat so viele und so reizvolle historische Häuser, kleine Läden und dazu so viel Grün. Wie kein Baum in Europa spannen sich herrlich weit die Kronen der starkstämmigen »Rain Trees« über freien Grasplätzen.

Vor der modernen Stadt Ernakulam erstrecken sich fünf große Halbinseln respektive mit Brücken verbundene Inseln, drei im Norden (Bolgatty, Vallarpadam und Vypeen) und zwei im Süden, das künstlich aufgeschüttete Willingdon Island und Mattancherry mit Fort Kochi. Zwischen ihnen mischen sich süße und salzige Flut, strömt Keralas größter Inlandsee, der von vier Flüssen gespeiste Vembanad-See, in die Arabische See.

Kochi gilt als einer der ältesten Häfen Indiens, seine dominante Rolle im tiefen Süden fiel ihm aber wohl erst um das Jahr 1344 zu. Damals, so ist überliefert, zerstörten Regenfluten den Hafen von Cranganoor im Norden Keralas. Zugleich ließen sie den Periyar-Fluss derart mächtig anschwellen, dass es zu einem breiten Durchbruch zur Arabischen See kam und der vor Stürmen geschützte Naturhafen entstand. Als Kreuzweg der feindlichen Imperien Europas, der Portugiesen, Hollän-

1 Frommes Kochi: Threewheeler-Taxi mit Krishna-Bild. **2** Junges Kochi: Die Kinder haben Spaß. **3** Theaterspiel in Kochi: *kathakali*-Schauspieler mit Dämonenhänden. **4** Seit vielen Jahrhunderten auch in Kerala gebräuchlich: chinesisches Fischernetz am Vembanad-See.

1

2

der und Briten, gewann es an Bedeutung. Wobei offen bleibt, ob die Feindschaft der europäischen Kolonialmächte untereinander oder ihre Angriffe gegen Indien gemeint sind. Beides träfe zu.
Kochi – das ist für Orient-Liebhaber und für Menschen mit Geschichtssinn vor allem die Halbinsel Mattancherry, genauer gesagt: ihre nördlich der Hafenbucht zugewandte Spitze, Fort Kochi genannt. Seit vielen Jahrhunderten, vermutlich schon seit der Zeit um Christus, begegnen auf dieser Landzunge an der Arabischen See Menschen aus dem Westen der indischen Welt. Gewürze wurden von der Malabarküste ins antike Rom exportiert. Später residierte der Portugiese Vasco da Gama als Vizekönig in Kochi und wurde in der St.-Francis-Kirche auch bestattet (1524). Der Grabstein in der Kirche – der ältesten noch erhaltenen christlichen Kirche Indiens – erinnert daran. Ein portugiesisches Schiff brachte Jahre später die sterblichen Reste des wagemutigen Seglers, der als erster Europäer das Kap der Guten Hoffnung umfuhr, nach Lissabon zurück.
Gut ist dran, wer nicht nur auf Sightseeing-Tour zu einem kurzen Mattancherry-Rundgang landet. Das Fort-Kochi-Quartier südwestlich vom Vypeen-Fähranleger, das ja aus nur ein, zwei Dutzend Straßenzügen besteht, hat den träumerischen Charme alter Häuser und leicht vernachlässigter Parkareale, schattiger Innenhöfe und langer, stiller Nachmittagsstunden. Wenn man sich in Europa auskennt, findet man sich an portugiesische Gassen, auch an Holländisches und Britisches erinnert – und steht am Ufer plötzlich wieder vor einer langen Reihe der chinesischen Netze auf ihren hölzernen Plattformen überm Wasser.
An die Holländer, die den Portugiesen im späteren 17. Jahrhundert die Herrschaft abnahmen, erinnern altersschiefe Grabsteine, ein ganzer Friedhof noch. Und auch eine Drei-Sterne-Sehenswürdigkeit am Ostrand der Halbinsel Mattancherry, der »Dutch Palace«. Auf Prachtfassaden und opulente Architektur kam es offensichtlich nicht an, doch umso größer sind die inneren Werte in den unter hölzernen Decken dämmrigen Sälen. Da stehen nicht nur herrschaftliche Gewänder und Hausgerätschaften in Glasvitrinen sowie Schwerter und Urkunden im Kronsaal zur Schau, sondern raumfüllende Wand- und Deckenmalereien vom Allerschönsten.
Das einst jüdische Viertel Kochis ist nur eine kurze Strecke zu Fuß vom Palast entfernt, ein Indiz dafür, wie hoch die andernorts verfolgten jüdischen Zuwanderer in Kochi angesehen waren. Ihre Sprach- und Geschäftstalente ließen viele zu Reichtum kommen. Heute wie jeher stapeln sich hinter breiten Toren in ihren Lagerhallen große Säcke und Ballen voller Gewürze. Die jüdische Gemeinde

4

5

1 Die Pardesi-Synagoge in Kochi ist rund 400 Jahre alt, wohlhabende Kaufleute sorgten für reiche Ausstattung. **2** Die St.-Francis-Kirche in Fort Kochi stammt aus dem 16. Jahrhundert. **3** Die Antiquitätengasse gleich bei der Synagoge. **4** Alte Bäume und Grabsteine auf dem holländischen Friedhof. **5** Rast an einer Rostruine.

schmolz aber auf ein Häuflein weniger Familien zusammen, heute hat sie nicht einmal mehr einen Rabbi.

Wie eine museale, polierte Antiquität blieb der lichte, mit Kristallüstern und funkelndem Messing prunkende Innenraum der Synagoge erhalten, so wie ihn die jüdische Gemeinde nach der Zerstörung von 1662 im Portugiesisch-Holländischen Krieg wieder aufbaute. Aus der hellen Synagoge in den noch helleren indischen Tag hinaustreten – und gleich in das Gewölbedunkel der Antiquitätenhändler eintauchen! In der Gasse, die bei der Synagoge endet, reihen sich die Versuchungen für Sammler aneinander.

Neue Brücken statt der gemächlichen Fähren verbinden die Inseln Bolgatty, Vallarpadam und Vypeen mit dem Festland. Kilometerweit nördlich über die Stadtgrenze hinaus reicht dichte Bebauung, im Süden wachsen Hochhäuser über die flachen Inselhorizonte als Luxusimmobilien oder Hotels. Eine gute Buchhandlung erwünscht?

1 Schlichte Fassade, kostbarer Inhalt: Mattancherry-Palast der Kochi-Rajas, ein Geschenk der Portugiesen um die Mitte des 16. Jahrhunderts, heute Museum. **2** Ungleiche Kostüme: kolonialer Holländer und indischer Brahmane im »Museum of Kerala History«. **3** Zwei Schauspieler in Aktion im Kathakali-Zentrum in Kochi. **4** Auch als Schmuckmaske beliebt: der elefantenköpfige Ganesha. **5** Barock erneuert: St.-Francis-Kirche.

Die besten Seidenläden Keralas? Bankgeschäfte? Kinos? Kunstgalerien? Es wäre ein Fehler, sich nicht in Ernakulam umzusehen, man wird alles Gesuchte finden. Zum Ausruhen: Das Gartenrestaurant des Hotels »Taj Residency« unter hohem Glasdach oder draußen direkt am Wasser ist ein sehr angenehmer Platz.
Was waren die Höhepunkte und Krisen in der Geschichte Keralas? Davon vermittelt das »Museum of Kerala History and its Makers« nördlich von Ernakulam in Edappally einen überraschend lebendigen Eindruck. Eine Kombination aus Wachsfigurenkabinett und Sound-and-Light-Show, die neben den einheimischen Herrschern, Künstlern und Musikern auch Portugiesen, Holländer und Briten als Keralas Gestalter zeigt.
Zwei charakteristische Kerala-Künste sind *kathakali*, die Theaterkunst der Masken, Tänzer und Pantomimen, und *kalaripayattu*, die

Artistik des Kampfes mit und ohne Waffen. Zwei Stunden und mehr braucht der *kathakali*-Spieler – immer waren es Männer, auch in Frauenrollen, heute spielen auch schon mal Frauen mit –, um die Farbschichten seiner Maske aufzutragen. Mit den riesig vergrößerten Augen und mit dem typischen weiß glänzenden, breiten Kragen wirken diese Masken extrem exotisch und rätselhaft.

Wie man mit enormer Behändigkeit und Muskelkraft mit Schwert und Dolch durch die Luft wirbelt und den Gegner auspunktet, haben schon die chinesischen Ninya- und Kungfu-Kämpfer demonstriert. Keralas *kalaripayattu*-Kämpfer stehen ihnen an Artistik mitnichten nach. Das Körpertraining beginnt bereits in der Kindheit, zum Beispiel in der 1954 gegründeten Schule »ENS kalari« in Ernakulams Vorort Nettoor sind Zuschauer gern gesehen – vor dem Morgengrauen wie auch abends. Auf gestampftem Lehmboden lernen die Schüler *kolethari*, die Kunst, den Gegner mit einem Stock zu treffen, ohne selbst getroffen zu werden, *angathari*, den Kampf mit Schwert und Schild, Dolch und Speer, *verumkai*, den waffenlosen Kampf mit Fäusten und Füßen. Auch hier machen junge Frauen mit. Für den Fall von Blessuren haben Ayurveda-Ärzte seit Jahrhunderten Therapien für Prellungen und Knochenbrüche entwickelt, Trainingsverletzungen sind aber dank der intensiven Ausbildung selten.

Zeit für

Kochi und Ernakulam

Anreise und Reisezeit

Internationaler Flughafen Kochi (36 km): Verbindungen mit Mumbai, Bangalore, Delhi, Goa, Chennai, Agatti/Lakshadweep. Prepaid Taxis. Ernakulam Hauptbahnhof liegt an der Strecke Thiruvananthapuram-Bangalore. Leihwagen: Kochi bis Thiruvananthapuram ca. 310 km, Kochi-Mysore ca. 480 km, Kochi-Periyar-Nationalpark ca. 140 km.
Beste Reisezeit: September/Oktober bis März.

Unterkunft

Trident Hilton**** Ruhige Lage auf Willingdon Island, Oberoi-Komfort samt Gartenhof mit Pool. Bristow Road, Willingdon Island, Kochi, Tel. 04 84-66 95 95, E-Mail: cochin@tridenthilton.com, Website: www.trident-hilton.com
Bolgatty Palace/***** »Heritage«-Perle in einem Park am Inselufer. Bolgatty Island, Mulavokad P.O. Kochi, Tel. 04 84-3 08 10 00, Website: www.ktdc.com
Old Courtyard** Traditionelle Atmosphäre, freundliches Ambiente. Fort Kochi, 1/371, Princess Street, Tel. 04 84-2 21 63 02.

Sehen und erleben

Fort Kochi: Fischernetze an der Meerespromenade, Marine-Museum, St.-Francis-Kirche (1503) und andere historische Bauten. Mattancherry: »Dutch Palace« der Rajas von Kochi aus dem 16./17. Jahrhundert, einst jüdisches Viertel mit Synagoge und Antiquitätenläden. Ernakulam: Einkaufen (Seide, Gold, Antiquitäten, Bücher), *kathakali*-Vorführungen, *kalaripayattu* (im Vorort Nettoor).

Ziele in der Umgebung

»Museum of Kerala History and its Makers« in Edapally (13 km nördlich), »Hill Palace Museum«, ehemals Sommerresidenz, bei Tripunithura (13 km östlich), Hindutempel in Paravur (25 km nördlich), die Backwaters (siehe Seite 29).

Auskunft

Gov. of India Tourist Office neben dem Hotel Taj Malabar, Willingdon Island, Tel. 04 84-2 66 83 52 (Faltplan »Walking Tour Map & Guide Fort Kochi«). Tourist Desk an der Main Boat Jetty (Fähranleger Ernakulam), Karten, Fahrpläne, Bootstouren, Tel. 04 84-2 37 17 61.

1

2

3

Meer und Geschichte – The Brunton Boatyard

Am Ausblick auf die Wasserstraße und zu den Palmenufern der Inseln sieht man sich nicht satt. Zwischen den haushohen Fracht- und Containerschiffen kreuzen die hurtigen Wassertaxis und – mit bunter Menschen- und Wagenfülle – die Autofähren im Pendelverkehr zwischen Festland und Inseln. Fischer in ihren Einbäumen sind unterwegs, Gemüseboote und Kreuzfahrtschiffe.

»The Brunton Boatyard«, das Hotel, das den Namen und den Baugrund von einer historischen Werft übernommen hat, bietet sein großes Kochi-Wellentheater von der Morgendämmerung bis tief in die Sternennächte hinein.

Beste Ausblicke hat man jedoch auch von den nur 22 Gästezimmern, vom Dachrestaurant (»Terrace Grill«: Fisch, Meeresfrüchte!) und vom »Armoury«, das leichte Gerichte und eine lange Getränkekarte zur Wahl stellt.

Von einem »Museumshotel« sprachen die Bauherren, die Brüder Dominic (cghEarth). In den 1990er-Jahren nahmen sie sich des verfallenden Werftgeländes an, gaben ihm neues Leben. Dabei gelangen die Anleihen bei der alten portugiesisch-holländischen Architektur so überzeugend, dass sich Gäste fragen, ob sie etwa doch in einem bravourös restaurierten jahrhundertealten Gebäude wohnen. Um die Rezeption erstreckt sich die Lounge als veritabler Saal. Die Mehrzahl der Zimmer hat Vorraum, Balkon und ein großzügig bemessenes Bad. Im Innenhof sprießt eine gepflegte Rasenfläche unter einer ausladenden Baumkrone. Offener Raum ist Luxus, trägt zur Attraktivität bei. Schon gar auf diesem Grundstück, das so günstig zu Kochis Uferpromenade wie auch zu den Altstadtgassen mit ihren Cafés und kleinen Läden gelegen ist.

Fort Kochi ist als »Heritage Zone« unter Denkmalschutz gestellt worden. Unter den musealen Raritäten zieht eine Sänfte aus portugiesischer Zeit die Blicke auf sich. »History« heißt das Restaurant unter dem kunstreich gezimmerten Dachstuhl, wo die Speisen des Gewürzlandes Kerala zu kosten sind: mit vielerlei Variationen, wie sie von Arabern, Portugiesen oder syrischen Christen an dieser Küste bevorzugt wurden. Mit Rücksicht auf westliche Geschmäcker bereiten die Köche auch Gerichte ohne die typisch südindische feurige Chili-Schärfe zu. Das Personal erhält viel Lob für seinen aufmerksamen, persönlichen Service.

Zeit für The Brunton Boatyard****

In Bestlage an der Hafenausfahrt vor der Arabischen See, zugleich am Rande der Altstadt von Fort Kochi. Architektur und Ausstattung sind im historischen Kerala-Kolonialstil gehalten, die Zimmer sind komfortabel und verfügen über Klimaanlage. Auf Gäste warten drei Restaurants, Swimmingpool mit Meerblick, Jacuzzi, Billard und eine kleine Bibliothek. Exzellente Küche (Fisch und Meeresfrüchte); es werden auch Kochkurse angeboten. Ayurveda-Abteilung. Nur 22 Zimmer, aber alle mit Blick aufs Meer. 42 km vom Flughafen Kochi entfernt.

Buchung:
cghEarth, Casino Building, Willingdon Island, Kochi
Tel. 04 84-2 66 82 21 oder 04 84-2 66 68 21
Zentrale Buchung: Tel. 04 84-3 01 17 11
E-Mail: contact@cghearth.com
Website: www.cghearth

1 Der große Pool samt Gartencafé und Aussicht auf die ein- und auslaufenden Schiffe, vom Einbaum der Fischer bis zum Kreuzfahrtschiff. **2** Empfang in historischem Ambiente: Segel, die statt der Klimaanlage für Kühlung sorgen könnten, eine Sänfte, eine Gästebücherei. **3** Hotel The Brunton Boatyard mit exzellenter Aussicht auf Meer und Inseln. **4** Auf buntem Boot gut ausgeruht, kann es losgehen zum Fischen. **5** In der Stille des geräumigen Gartenhofs. **6** Bank unter Blüten.

1

2

Illuminierte Schönheit – The Malabar House

Auch westliche Reisende, die zum wiederholten Mal nach Indien kommen, kennen sich selten mit zeitgenössischer indischer Kunst aus. Da ist das »Escape« Nr. 1, das »Malabar House« in Fort Kochi, eine unbedingt empfehlenswerte Adresse. Ebenso die »Escapes« namens »Trinity«, »Serenity«, »Privacy«, das Schiff »Discovery« und als jüngste Neubelebung das »Purity«, die alle in Kochi und Umgebung zu finden sind. Die fünf Häuser der »Malabar Family« sind binnen weniger Jahre in Hotels verwandelt worden, teils mit »Heritage«-Qualität, und in ihrer neuen Gestalt sämtlich Schöpfungen des deutschen Designers Jörg Drechsel.
Mit erstaunlicher Geschwindigkeit sind die Häuser der »Malabar Family« mit begehrten Preisen ausgezeichnet worden, so mit »National« und »State Awards«. Dazu noch – damals als einziges Hotel in Indien – mit dem »Green-Globe«-Zertifikat. Das »Malabar House« am mit Gras überwachsenen, von Baumriesen umrahmten »Parade Ground« braucht keine Auffahrt, der Wagen hält einfach vor dem Portal. Freundlich begrüßt und in die Eingangshalle geleitet, empfängt den Gast sogleich eine Atmosphäre, die privat und zugleich exklusiv anmutet. Die Architektur zeigt originelle Einsprengsel der Moderne, beispielsweise die luftige, scheinbar schwebende Wendeltreppe, die ins Obergeschoss führt. Überrascht sieht man ein fast lebensgroßes hölzernes Pferd vor sich, findet sich mit bunten Masken konfrontiert. Gleich darauf tritt man in den gartengrünen Innenhof. Jörg Drechsel bringt hier die Natur ins Spiel: hohe feine Grasrispen im Innenhof, Büsche, blühende Bäume. Platz genug bleibt dennoch für einen blauen Swimmingpool und auch für das von Steinpfeilern umgrenzte Podest, auf dem abends Musiker oder *kathakali*-Tänzer auftreten.
Drechsel liebt das Spiel mit Farben, setzt starke Akzente, stellt zwischen lauter Weiß eine tiefblaue Mauer, lässt Wände sonnengelb leuchten. Im »Trinity«, das nur fünf Minuten zu Fuß vom »Malabar House« entfernt liegt, strahlt beim Swimmingpool die halbrunde Duschwand in kräftigem Rot.
Um eine gemeinsame hohe Halle ist es in drei individuelle Suiten aufgeteilt, mit überraschenden Durchblicken auch auf die St.-Francis-Kirche und den »Parade Ground«, wo fast immer Kricket oder Fußball gespielt wird.

1 Treppenspindel im Malabar House. 2 Das Haus Purity ebenfalls zu den Malabar Escapes gehörend am Abend. 3 Eines der wichtigsten indischen Gewürze: Gelbwurz (Kurkuma) wirkt anregend auf die Magensaftproduktion und gilt als krebshemmend. 4 Herzlicher Empfang im Malabar Escape Purity. 5 Selbst ist der Koch – die Chefs des Malabar House auf dem Gemüsemarkt in Kochi.

Zeit für The Malabar House****/***** – Relais Châteaux

In bester Lage in der »Heritage Zone« von Fort Kochi, nahe am Meer. Ein Hotel der Künste. Das Gourmetrestaurant »Malabar Junction« kredenzt südindische und westliche Küche. Die »Wine Lounge« wartet mit regionalen Weinen und kleinen Gerichten auf. Swimmingpool, Breitband-Internet, Leihfahrräder, Reisebüro. Musik- und Tanzdarbietungen, Kunstausstellungen, Konferenzräume. Kalari-Ayurvedic-Massage-Spa. Altstadtrundgangs-Faltblatt Fort Kochi. Es gibt 17 individuell gestaltete Zimmer und Suiten. Jüngster Zuwachs von »Malabar Escapes« ist übrigens das »Purity« am Vembanad-See (siehe Seite 37).

1/268, 1/269 Parade Road, Fort Kochi
Tel. 04 84-2 21 66 66
E-Mail: info@malabarhouse.com
Website und Online-Buchung: www.malabarhouse.com und www.malabarescapes.com

1

2

3

Opulentes Panorama – Taj Malabar

Weit über Meer und Inseln ist dies die dominante Landmarke. Im »Taj Malabar« auf Willingdon Island sind die Eckzimmer in den oberen Stockwerken mit 180-Grad-Blickwinkel die höchsten Aussichtsplätze über Kochis Inseln und Küsten. Doch auch schon in der dritten oder vierten Etage überschaut der Gast in seinem luxuriös ausgestatteten Quartier die Nachbarinsel Mattancherry mit Fort Kochi und blickt über den Vembanad-See zu den dicht besiedelten Inseln nach Vypeen und Vallarpadam. Das komfortabel-wohlige »Taj«-Gefühl stellt sich ohnehin ein, kaum dass man in der Empfangshalle die Kassettendecke, die kannelierten Säulen und die gewichtigen Sessel wahrgenommen hat. Im Hintergrund glitzert auf leicht erhöhtem Podest die »Mattancherry Bar«. Wer nicht im Voraus gebucht hat, wird gleich gefragt, ob er Komfort europäisch-modernen Stils oder nostalgisch-viktorianischen »Old World Charm« vorzieht. Im »Taj Malabar« heißt das, zwischen »New Wing« (auch »Tower Wing« genannt) und »Old Wing« wählen.

Erfreulich weit gespannt ist das kulinarische Angebot. Der »Thai Pavilion« serviert seine Köstlichkeiten schon seit Langem, ein authentisch thailändisches Restaurant; das »Rice Boat« – mit seinem ins Gartengebäude integrierten *kettuvallam*-Bootsbug ein Bravourstück in Sachen Design! – ist auf Fisch und Meeresfrüchte spezialisiert.

An der Nordspitze von Willingdon Island gelegen, bietet das »Taj Malabar« viel Unterhaltsames und Sportliches – am, im und auf dem Wasser. Der Pool unter Palmen ist so angelegt, dass man über dem blau getönten Grund in die offene See zu schwimmen scheint. Liebhaber der Geschwindigkeit mieten sich die »Cinnamon Coast«, eine Jacht mit Dreibettkabine. Und die *Jetty Stations* für die Fährverbindungen nach Fort Kochi, Vypeen und Ernakulam sind fußnah zum »Taj Malabar« eingerichtet.

Gesundheitsbewusste stehen früh auf: Von 6 bis 21 Uhr bietet das »Jiva Spa« vielfältige Ayurveda-Behandlungen mit Naturstoffen an. Das Spa wurde mit dem »Green Leaf«-Qualitätszertifikat des Tourismus-Direktorats ausgezeichnet.

Gäste schätzen das »Taj Malabar« auch wegen seiner exklusiven, dem Meer zugewandten Lage, auf halbem Wege zwischen Kochi und Ernakulam.

5

6

4

1 Das Taj Malabar liegt idyllisch auf Willingdon Island. 2 Willkommen: weiße Handschuhe und ein Lächeln. 3 Wer trotz kühler Brise den Ausblick genießen möchte, setzt sich ins Restaurant des Taj Malabar. 4 Drinnen locken die vorzüglichen Restaurants Thai Pavilion und Rice Boat, in den warmen Nächten ist ein Platz unter den hohen Baumwipfeln aber kaum zu übertreffen. 5 Und wenn die Nacht warm bleibt, lädt der beleuchtete Pool zu einem späten Bad ein. 6 Sinnestäuschung: der Pool, der mit dem Meer verschwimmt.

Zeit für Taj Malabar*****

Spitzenlage auf Willingdon Island inmitten der Inseln und Halbinseln. »Heritage«-Flügel und moderner Hotel-Tower. Drei Restaurants, Bar und Swimmingpool. Ayurveda-Abteilung. Freizeit-Service: von der Kinderbetreuung bis zum Schönheitssalon, von der Autovermietung bis zum Blumenhändler. Kulturelle Darbietungen und Backwater-Exkursionen. Drei Bankettsäle. Business-Service: vom Leih-Laptop und tragbaren Leih-Drucker bis zum kabellosen Internet-Zugang, Konferenzräume, Doctor on call. 97 Zimmer, davon neun Suiten. »Sunset Cruise«, »Speedboat«, ca. 30 km vom Flughafen Kochi entfernt.

Willingdon Island, Kochi
Tel. 04 84-2 66 68 11 oder 04 84-2 66 80 11
E-Mail: malabar.cochin@tajhotels.com
Website: www.tajhotels.com
Gebührenfreie Reservierung in Deutschland:
Tel. 08 00-1 85 26 15.

1

2

3

4

Zwischen Abenteuer und Meditation

Hausboot-Touren auf den Backwaters und am Vembanad-See

Die Hausboote in den Backwaters haben Kerala verwandelt. Trotz seiner extrem schönen Strände lange im touristischen Abseits, wurde Kerala eines der höchstgeschätzten Ziele für Urlauber aus aller Welt.

Bill Aitken, schottischer Autor und Wahlinder, begegnete im Herbst 2001 Babu Varghese und fand sich an Mr. Richard Trevithick erinnert. Der hatte die Hochdruckdampfmaschine und die Schienendampflok erfunden, der Ruhm hierfür aber fiel James Watt zu. Babu Varghese, ein Keralit von ähnlicher Vision und technischem Genie wie Trevithick, verwandelte Lastkähne, *kettuvallams*, in attraktive Hausboote für Keralas Backwaters. Das soll etwas Außerordentliches sein?, fragt vielleicht mancher. Tatsächlich haben Babu Vargheses Backwater-Hausboote Kerala von Grund auf verwandelt.
Bis dahin von Touristen kaum besucht, ist Kerala heute ein Motor des Indien-Tourismus. Zehntausende von Gästen erleben Südindiens Vorzeige-Staat – höchste Alphabetisierung, höchste Lebenserwartung, religiöse Toleranz und Koexistenz von Hindus, Christen und Muslims – auf den Hausbooten, und das für einen Tag oder auch eine ganze Woche lang (abgesehen von den Urlaubern, die sich an Land und am Strand erholen). Dadurch wurden Zehntausende von neuen Arbeitsplätzen geschaffen, die Keralas – trotz hohen Bildungsdurchschnitts – viel zu hohe Arbeitslosigkeit mindern und Zehntausenden ersparen, in den Golfstaaten Arbeitsverträge zu unterschreiben, die sie jahrelang von ihren Familien trennen.
Trotzdem, stellte Bill Aitken fest, findet man Babu Varghese, den Vater der Kerala-Hausboote, und seine entscheidende Rolle bei der Umnutzung der alten Lastkähne, nirgends in der offiziellen Literatur genannt. In den letzten Jahren gab es finanzielle Komplikationen, 2010 trafen wir ihn noch in seiner Familie, bald darauf starb er.
Als Babu aus Frachtschiffen, die mit Reis und allerlei anderer Fracht durch die Flussläufe und Kanäle der Backwaters gerudert worden waren, komfortable Binnengewässer-Kreuzfahrtschiffe machen wollte, waren selbst die Leute auf den Werften skeptisch. Ihre Vorbehalte auszuräumen, war Babu Vargheses erste Aufgabe. Ohne ihn wären die rund 200 bis zu 30 Meter langen *kettuvallams*, die Anfang

1 Schulmädchen in den Backwaters in ihrer Schuluniform. **2** Keralas größter See, der Vembanad Lake, durchfließt eine Lagune zum Meer. **3** Lust am schönen Dekor: Muschelkränze um einen Spiegel in der Hausbootkabine. **4** So bizarr wie praktisch: Hausboot mit doppelstöckigem Aufbau aus leichten Bambusstäben und Geflecht. Beides verleiht dem Schiff mit dem sehr flachen Bootskörper zusätzlich Stabilität.

1

2

3

der 1990er-Jahre noch existierten, abgewrackt worden. Lastwagen sind schneller und für den Transport praktischer. Hohe Geschwindigkeit gehörte nicht zu diesen neuen Hausbooten, sie zeichnen sich im Gegenteil durch gemächliche und geräuscharme Fahrt aus. Problematisch war aber die Instabilität, die durch die Aufbauten auf den flachen hölzernen Schiffskörpern mit geringem Tiefgang verursacht wurde. Als Frachtschiffe hatten sie bei voller Beladung einen niedrigen Schwerpunkt, das Dach und die Kajüten änderten das allerdings. Die Antwort auf das Problem war im Prinzip einfach, »leichte Materialien für die Aufbauten«, brauchte jedoch viele Modellphasen bis zur definitiven Formfindung. Die Formen der ersten Kerala-Hausboote muten bizarr und abenteuerlich an und werden gerade darum immer wieder nachgebaut. Wie überdimensionierte Hüte kommen sie daher. Eingestiegen wird an der Seite, backbord oder steuerbord. Den langen Bootskörper schmücken geschwungene Bug- und Hecksteven, oft mit goldenen Emblemen. Die optische Verwandtschaft mit venezianischen Gondeln ist zwar nicht für jeden auf den ersten Blick zu sehen, aber auch nicht ganz zu verleugnen. Und gewiss nicht der Hauch von Hausboot-Luxus.

Was immer den Gästen die Backwater-Kreuzfahrt angenehm machen kann, ist berücksichtigt. Das fängt mit der Bewegungsfreiheit unter dem geräumigen Halbrund des Bambusdaches über dem Hauptdeck an und ist mit den bequemen Rattansesseln und den nach Kerala-Art auf Bananenblättern schön servierten, gut zubereiteten Mahlzeiten noch lange nicht zu Ende.

Eine Überraschung hinter der messingbeschlagenen Tür beim Esstisch ist auf den besseren Booten das geräumige Schlafzimmer mit Doppelbett, Stuhl und Kommode. Je nach Schiffstyp hat man Fensterglas oder stattdessen Vorhänge, manchmal auch Moskitonetz und Fliegengitter. Eine zweite Tür führt in ein richtiges kleines Bad, samt Waschbecken, Dusche und WC, alles in guter Qualität.

Die Spitze des erreichbaren Hausboot-Luxus ist es, ein solches Boot samt dreiköpfiger Besatzung nur für seine Liebste oder seinen Liebsten und sich selbst zu chartern. Für den persönlichen Service ist ein sprachbegabter jüngerer Mann an Bord, wechselnd als Kellner und als Führer auf Landgängen. Dazu ein Koch, dessen winzige Kombüse oft nur außen an der Bordwand entlang auf schmaler Planke zu erreichen ist. Und der Skipper hockt meist am Steuer und versteht, das Boot auch durch schmale Kanäle zu bugsieren.

Was nicht zur üblichen gehobenen Ausstattung gehört, ist ein Fernsehgerät – das sowieso fehl am Platz wäre, lockt einen zur Hausboot-Tour à la Kerala doch vor allem die reale Welt: der Blick über

1 Wohltuende Ruhe verbreitet in seinem geometrischen Design und der geräumigen Ausstattung das Hausboot von Jörg Drechsel, »Malabar House« ... **2** ... mit sehr komfortabler Kabine für die Nacht. **3** Auf dem Vembanad-See im Glanz eines Wolkenmorgens. **4** Keine Chance für Plagegeister: Ein Moskitonetz darf nicht fehlen. **5** Es gibt unterschiedlichste Hausboottypen, diese hier gehören den umweltfreundlichen Hotels der cghEarth-Gruppe. **6** An Bord der »Vrinda«, des Oberoi-Motorschiffs.

die weiten, grün umrahmten Flächen des Vembanad- und des Ashtamudi-Sees, das Betrachten der langsam vorbeigleitenden Ufer, an denen die Frauen ihre Wäsche waschen und von früh bis spät unter Bäumen geplaudert wird.

Nachts sind Sternenhimmel zu erleben, der Mond und mit ein wenig Glück auch die Musik von Tempelfesten, die übers Wasser herüberklingt. Tags kann man die beschauliche Fahrt mit Landgängen unterbrechen: Dorfbesuche, die zu einer christlichen Kirche oder zu einer Freiluftwerkstatt führen, in der Kokosfasern zu Seilen verarbeitet werden. Besonders interessant für Hausbooturlauber ist die Werftbesichtigung unter Kokospalmen. Man sieht, wie aus Bambusstäben, Bambusstreifen und Palmfaserstricken das dichte Geflecht des Bootsaufbaus entsteht, ohne Nägel und Metall. Dann

1

2

3

wieder ein Dorfladen, Frauen in prächtigen Rüschenkleidern, die in die Kamera lächeln, Kinder, die nach »pen, pen« fragen und sich riesig freuen, wenn jemand ein paar Kugelschreiber oder Malstifte übrig hat.
In jeder Saison sind Hunderte Hausboote unterwegs. An einigen Tagen aber, den Höhepunkten im Kerala-Kalender, richten sich alle Augen auf ganz andere Boote, die berühmten »Schlangenboote« nämlich. Mit »Snake Boat Races« feiert Kerala alljährlich einige seiner großen bunten Onam-Feste zur Erntezeit, und zwar vom Juni bis in den September, und zum Jahresschluss noch während des »Kochi Carnival« das »Indira Gandhi Boat Race« auf dem Ernakulam Lake. Die großen Rennboote, *chundan vallam*, sind 15 bis 50 Meter lang, haben meist vier Steuermänner, 25 Sänger und 100 bis 125 Ruderer an Bord. »Schlangenboote« heißen sie wegen des auffallenden Bugschmucks in Gestalt einer Schlange mit erhobenem Kopf. Beim »Nehru Trophy Boat Race«, das bei Alappuzha auf dem Punnamada-See startet, gibt es sogar eigene Rennen für Frauen. Und bei allen Wasserfesten sieht man Farben über Farben – beim Festprogramm mit seidenen Sonnenschirmen, bei Wasser-Prozessionen mit Götterbildern, Kindern in bunten Kostümen und Zehntausenden von Zuschauern.

4

5

1 Bausand vom Seegrund auf schmalen Booten. **2** Hausboot vor Palmen. **3** Lust am Wettrudern: Rajiv-Gandhi-Rennen bei Alappuzha. **4** Hausboot-Bugspriet mit goldglänzendem Schmuck. **5** Handarbeit – jedes Jahr müssen die Kettuvalams generalüberholt werden.

All das ist möglich dank Mutter Natur und der eigentümlichen Landschaftsgestaltung Keralas, dreigegliedert vom Meer zum Landesinnern. Das über 600 Kilometer reichende Tiefland ist im Norden nur 25 Kilometer breit, dafür rund 100 Kilometer im Süden. Im Norden sprechen die Geografen von einer »Strandwallzone«, hinter der sich in der Mitte Keralas eine Zone von Lagunen anschließt, die Backwaters. Sie entstanden durch das Absinken des Landes unter den Meeresspiegel. Einschnitte in den Strandwällen und Kanäle verbinden die Lagunen mit dem Meer und untereinander. Die so entstandenen Schifffahrtswege sind gut geschützt vor der Meeresbrandung, dazwischen leuchten Reisfelder, ein guter Teil wird für Gemüse und für die mit kartoffelähnlichen Knollen nahrhafte Maniokpflanze (Tapioka) genutzt.

Zweiter Teil der Dreigliederung sind die Midlands, Keralas dicht besiedeltes Hügelland mit eisenhaltigen, hartkrustigen Lateritböden und rotbraunen Lehmböden. Die Lateritfelsen reichen im Norden und Süden Keralas an manchen Stellen bis ans Meer, ragen dort als Steilküsten auf.

Den dritten Teil der Kerala-Landschaft bilden die Western Ghatsund, die Gebirgsblöcke, von den Nilgiris (teils zu Kerala, teils zu Tamil Nadu gehörig) bis über die Anaimalai- und Palani-Hills und die niedrigeren Cardamom Hills. Die Lust an der Backwater-Landschaft zwischen Meer und Binnenland breitet sich aus, ist neuerdings gar nicht mehr auf die Mitte und den Süden Keralas beschränkt. Tag und Nacht, Nacht und Tag ruhevoll durch die grüne Landschaft zu treiben, doch auf immer andere Bilder und Szenen zu – wo kann man das so genussvoll wie auf Keralas Backwaters?

Wer zwei oder drei Tage mit dem Hausboot unterwegs ist, kommt meist auch zum Vembanad-See. Beachtliche 84 Kilometer lang und bis zu 15 Kilometer breit, erstreckt sich seine grün gerahmte Wasserfläche von Kochi bis Alappuzha und bildet das große Herz der Backwaters.

Merkwürdiges sieht man die Fischer tun: Sie stehen im seichten Wasser und schlagen es mit Palmzweigruten. Wenn die Männer Glück haben, ziehen sie gleich mehrere halb betäubte Fische aus dem See. Andere hocken am Ufer bei ihren Angeln, und die meisten sind mit ihren schlanken Booten unterwegs, werfen Netze aus. Der

1

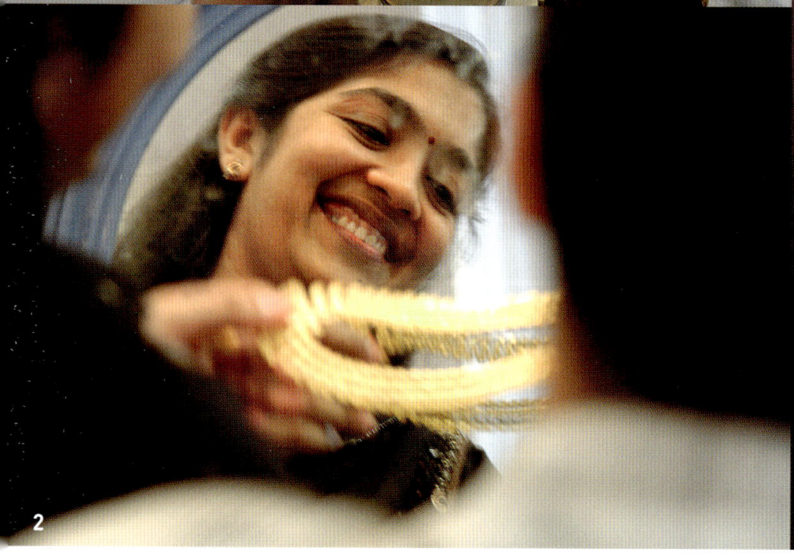

2

3

Vembanad-See ist enorm produktiv. Wenn man seinen Fischreichtum auch erst auf dem Markt zu Gesicht bekommt, zumindest die üppige Masse der Wasserhyazinthen fällt jedem auf, und man staunt, dass sich in ihrem blau blühenden, grünen Geschlinge nicht jede Schiffsschraube verfängt. Nicht nur die Tage auf dem See sind ein starkes Naturerlebnis. Die Nächte, zumal die sternklaren, sind sogar noch eindrucksvoller. Am intensivsten ist die Vembanad-Nacht, wenn man von einem weitab vom Ufer ankernden Hausboot in den Sternenhimmel blickt. Manchmal klingt von fern Musik von einem Tempelfest herüber.

Das Süßwasser des Sees fließt im Hafen von Kochi in breiten Strömen zum Meer, umgekehrt trägt die Flut Salzwasser in den See hinein. Keralas Flüsse sorgen dafür, dass der See nicht versalzt. Nicht weniger als sechs fließen in den Vembanad-See. An manchen Stellen sollen auch Wassertore helfen, das Gleichgewicht von süß und salzig zu erhalten. Über Flüsse und Kanäle ist der See so vielfältig mit dem Netzwerk der Backwaters verbunden, dass die Großstadt Alappuzha mit ihren Kais am Fluss zum meistbenutzten Startplatz der Hausbootflotten wurde.

Im 18. Jahrhundert vergrößerte ein Travancore-Herrscher den Hafen, im 19. etablierten sich Kokosfaser- und andere Industrien. Trotz allem: Alappuzha zeigt sich bis heute mit seinen Ladenstraßen und Tempeln als eine typische südindische Mittelstadt – in der nur eben bald 300 000 Menschen wohnen. Wer Indisches kaufen möchte, findet dutzendweise Gold- und Juwelenläden, ungezählte Gewürzhändler, schöne Textilien, zum Beispiel in einem preisgünstigen Khadi-Gandhi-Laden und mehr.

Um den See breitet sich die fruchtbare, ebene Region Kuttanad, »Keralas Reisschüssel«, aus. Wären nicht die Schilder der noblen Resorts um das einst bescheidene Fischerdörfchen Kumarakom, man führe unversehens vorbei, so abgeschirmt von lauter Pflanzenfülle haben sie sich in ihren geräumigen Arealen am See eingerichtet. Jedes zeigt eigenen Stil, keines behelligt in zu kurzer Distanz seine Nachbarn – und jedes öffnet schöne Ausblicke auf die glitzernde Wasserfläche. Heute nennt man Kumarakom die »Königin des Vembanad-Sees«.

Die »Königin« hat außer den Stätten exquisiter Gastlichkeit – und einigen weniger aufwendigen, doch auch angenehmen Unterkünften – ein Vogelschutzgebiet direkt am See zu bieten. Man sollte zeitig am Morgen kommen, möglichst mit einem guten Fernglas, um einige der zuzeiten weit über 100 Arten nah vors Auge zu rücken. Auch ein »Driftwood Museum« kann man besuchen, doch stammt

5

6

1 Das Goldgeschäft blüht in Kottayam. **2** Beim Juwelier: Goldschmuck löst Glückslächeln aus. **3** Jörg Drechsels »Discovery« beim »Malabar Escape Privacy«. **4** Fischfang im seichten Vembanad-See. **5** Gott Vishnu lächelt – am Tempel Ettumanur. **6** Ein Avatar Vishnus: der Eber.

das Treibholz nicht etwa aus dem Vembanad-See, sondern von den fernen Inseln der Andamanen und Nikobaren im Indischen Ozean. Ein pensionierter Lehrer schnitzte die Fundstücke zu Tier- und Menschengestalten.

Spannender, anrührender kann die Begegnung mit den Gotteshäusern der Region werden. Reist man die kurze Strecke zur Distrikthauptstadt Kottayam, findet man dort in zentraler Lage den Thirunakkara-Mahadeva-Tempel, bei einem alten Banyan-Baum. Der Mahadeva-Tempel gilt als beispielhaft für die frühe Tempelarchitektur Keralas. Als Tempelstätte wohl mehr als 500 Jahre alt, entstand der gegenwärtige Bau um 1800. Auf sehr frühe Zeit – um 1550 – geht »St. Mary's Knanaya« auf einem nahen kleinen Hügel zurück, eine Kirche syrischer Christen mit imposanten alten Steinkreuzen.

Auf eine noch viel ältere Zeit, auf die ersten Jahrhunderte nach Christus gehen christliche Gemeinden in Kerala zurück. Wer östlich

1 Noch eine Probe der reichen Wandbilder von Ettumanur aus dem 16. Jahrhundert: Krishna hat die Kleider der badenden Milchmädchen versteckt. 2 Beichtstühle in der Marienkirche Champakulam.
3 Uralt, vielfach umgebaut: die Marienkirche in Champakulam, wo die »Schlangenboote« gebaut werden.

vom Vembanad-See den kleinen Ort Nallathanny aufsucht und dort den Priester Xavier Koodapuzha im Kloster antrifft, kann viel über das Christentum in Indien erfahren. Professor der Theologie, Autor preisgekrönter Bücher wie der »History of Christianity in India«, zudem in sieben Sprachen kundig, überschaut Xavier Koodapuzha wie kaum ein anderer die 2000-jährige Frömmigkeit der Christen in ihrer vielfältigen Gestalt, von den Thomas-Christen des ersten Jahrhunderts bis in die Gegenwart.
Die »syrisch« genannte Thomas-Kirche spielt heutzutage eine aktive Rolle im religiösen, politischen, sozialen, kulturellen und wirtschaftlichen Leben. Zugleich gehören die heutigen Thomas-Christen ganz unterschiedlichen Kirchen mit jeweils eigenen Zentren an, zum Beispiel der Syro-Malabarischen Kirche in Ernakulam, der katholischen Syro-Malankara-Kirche in Trivandrum, der Malankara-Orthodox-Syrischen Kirche in Kottayam – und das sind längst noch nicht alle.

Die zahlenmäßig größte Gemeinschaft bilden die 4,5 Millionen Mitglieder der Syrisch-Malabarischen Katholischen Kirche.
Wenig bekannt ist, wie stark über lange Zeit hin Hindu-Priester und Thomas-Christen sich gegenseitig Achtung bezeugten. Hindu-Lehrer waren in christlichen Schulen willkommen, allerdings nicht bei den portugiesischen Katholiken, die im Gefolge Vasco da Gamas Missionare nach Indien brachten. Die Portugiesen versuchten nachdrücklich, der Loyalität der Thomas-Christen gegenüber indischen Herrschern ein Ende zu machen und diese unter die Vormacht der römisch-katholischen Kirche zu zwingen.
In und rund um Kottayam, das Zentrum der Christen in Kerala, fallen heute Hindu-Tempel und Kirchen christlicher Konfessionen in großer Zahl ins Auge, seltener Moscheen. Zehn Kilometer nördlich von Kottayam, in Ettumanur, schmückt ein neuerer dreistöckiger, schlanker Torbau den Shiva-Tempel aus dem 16. Jahrhundert. Das Tempelinnere ist Hindus vorbehalten, doch die großartigen Wandbilder an der Innenseite und im Torgang sind die kurze Fahrt allemal wert. Vielleicht treffen Sie in der Vorhalle auch gerade das Tempelpersonal, wie es Abertausende von Pilgermünzen zählt und die Summen in Folianten verbucht. Dieser Tempel steht im Ruf größten Reichtums.

Zeit für Backwaters und Vembanad

Anreise und Reisezeit

Die wichtigsten Tore für den Hausboot-Tourismus sind Kochi, Alappuzha und Kollam (siehe Seite 32).
Beste Reisezeit: Die Saison dauert von September bis März, Angebote für Hausboot-Touren gibt es auch später, jedoch nicht während schwerer Monsunregen.

Unterkunft

Hotel Purity**/******* Am Vembanad Lake, wo die Aussicht am weitesten ist, wartet ein Boutique-Hotel mit nur sechs Zimmern, überraschenden Kunstobjekten, prächtigem Garten direkt am See, exquisiter Küche und Ayurveda-Anwendungen. Reservierung über »Malabar House« (siehe Seite 25), www.malabarhouse.com/purity-muhamma
Hausboot-Touren Je nach Dauer der Fahrt, Personenzahl und Qualität der Boote ist das Preisspektrum sehr unterschiedlich. Die höherklassigen Hotels haben in aller Regel Angebote für ein- oder mehrtägige Hausboot-Exkursionen. Etliche Hotels und Resorts verfügen auch über eigene Boote. Mit der modernen »Vrinda« von Oberoi werden Gruppenreisen veranstaltet (C-46/452 II). Bristow Road, Willingdon Island, Cochin, Tel. 04 84-2 66 95 95, Website: www.oberoihotels.com

Sehen und erleben

Kumarakom-Vogelschutzgebiet. Ruder-Wettbewerbe: »Alappuzha Nehru Trophy Boat Race« (Schlangenbootrennen, Punnamada, August), »Pulinkunnu Rajiv Gandhi Boat Race« (August), »Payippad Boat Race« (am 3. Tag nach dem Onam-Fest, August/September).

Ziele in der Umgebung

Kottayam (Kirchen und Tempel). Ettumanur (Shiva-Tempel). In Changassanery hinterließ ein Hindu-König einen Tempel, eine Kirche und eine Moschee bauen. 18 km südlich von Kottayam. Die wichtigsten und ältesten »Snake Boat Races« (es gibt insgesamt mindestens 20 dieser Schlangenbootrennen): »Champakulam Moolam Boat Race«, bei Harippad (Alappuzha-Distrikt), in Erinnerung an die Überführung eines Krishna-Idols zum Tempel von Ambalappuzha; »Nehru Trophy Boat Race« auf dem Punnamada-See (Alappuzha-Distrikt), wurde vom ersten Ministerpräsidenten des unabhängigen Indien begründet; »Uthrattadi Vallamkali«, bei Aranmula (Pathanamthitta-Distrikt), eine zwei Tage dauernde Wasserprozession; »Payippad Jalotsavam«, bei Alappuzha, in Erinnerung an den Fund eines Götterbildes im Kayamkulam-See.

Auskunft

Alappuzha, District Tourism Promotion Council, opp. Canara Bank, Boat Jetty Road, Tel. 04 77-2 25 33 08 oder 04 77-2 25 17 96, Website: alappuzhatourism.com
Inditravel, im »Vivanta by Taj«, 1/404, Kumarakom, Kottayam, Tel. 04 81-2 52 43 77, E-Mail: tgripl.kmr@tajhotels.com, Website: www.keralatourism.org
Kerala Tourism Information Counter, Park View, Thiruvananthapuram, Tel. 04 71-2 32 11 32, Website: www.keralatourism.org

1

2

3

In natürlicher Balance – Coconut Lagoon Heritage Resort

Nur auf dem Wasserweg erreicht der Gast das »Coconut Lagoon Heritage Resort«, einen besonders schönen Winkel des Landes Kuttanad. Und wenn nach gut zehn Minuten Fahrt das Boot an der Mündung des Kavanar-Flusses in den Vembanad-See ankommt, die sonnige Weite des Sees sich dem Blick öffnet, atmet man unwillkürlich tief durch: welch Glanz der Natur! Das Empfangsgebäude ist ein echtes *nalukettu*, ein Haus aus alter Zeit, angenehm luftig mit dem für Kerala typischen offenen Innenhof. So gepflegt ist das Teakholz und jedes Detail der Schnitzerei an den Säulen und Dachbalken, dass mancher es für neu halten mag. Doch rund anderthalb Jahrhunderte schon existiert dieses Haus, man weiß, dass es 1860 erbaut wurde und bis 1993 einer Brahmanenfamilie gehörte. Ähnlich ist auch das Restaurant ein imposantes Zeugnis traditioneller Baukunst, ein *ettukettu*, also ein Gebäude mit zwei Atrium-Öffnungen unter dem Dach und mit einer Vielzahl schlanker Säulen – sehr fotogen!

»Heritage«, Erbe früherer Zeiten, sind nicht nur diese beiden Gebäude, sondern ebenso alle Gästehäuser. Schon in der ersten Hälfte der 1990er-Jahre, noch vor dem Boom des Kerala-Tourismus, sammelten die Dominic-Brüder diese historischen Häuser *(tharawads)* aus den Dörfern, wo sie zu verfallen drohten. Zimmerleute, die sich noch mit den kunstvollen Holzbauten im Stil des *thachu shastra* auskannten, wurden von den Dominics beauftragt, jedes einzelne zu zerlegen und an der Coconut Lagoon wieder zusammenzusetzen.

Palmwipfel über gepflegten Rasenflächen, schmale Wasserläufe mit gewölbten Brücken, steinerne Skulpturen – und am Ufer eine Promenade mit schönsten Ausblicken auf den See: Entscheiden Sie, ob Sie eine Bank oder eine Hängematte vorziehen! Es ist friedlich, doch nicht immer herrscht Stille und Schweigen. Stille, liest der Gast in einer Eigenbeschreibung des Resorts, sei nicht die Art der Natur.

Das Reisemagazin *Condé Nast Traveller* nahm die »Coconut Lagoon« unter die 25 weltbesten »Getaways« auf. Die Eigentümer nennen ihr Resort einen Versuch, »die Erfahrung Kerala in einer Essenz einzufangen und dem Gast in einer einzigartigen Gestalt anzubieten – ohne irgendetwas hinzuzufügen, was nicht ohnehin schon dazu gehörte«.

5

4

1 Restaurierte »Heritage-Bungalows«, die in Einzelteilen aus anderen Regionen zum Vembanad-See gebracht und hier wieder aufgebaut wurden. **2** Venezianische Anklänge – auf Wasserwegen in die Coconut Lagoon. **3** Der Vembanad-See wird nicht zum Baden empfohlen, stattdessen ein großzügiger bemessener Swimmingpool. **4** Eines der historischen Gästehäuser von innen nach der Renovierung und Wiederherstellung. **5** Dank des Sees ist alles drum herum auch saftig grün.

Zeit für Coconut Lagoon Heritage Resort***/****

Fernab vom Autoverkehr und idyllisch am Vembanad-See gelegen. Mit 14 »Heritage-Mansions« und 28 komfortabel ausgestatteten »Heritage-Bungalows«, *ettukettu*-Restaurant und »Fort Cochin«-Seafood-Restaurant, Swimmingpool, bezaubernder Schmetterlingsgarten, Yoga, Ayurveda- und Meditationszentrum, Tanz- und Theateraufführungen, Hausboot-Exkursionen, Kunsthandwerksladen. Regionale Küche und Seafood-Spezialitäten.

Ausflugstipp: Philipkutty's Farm, auf einer Insel (http://philipkuttysfarm.com).

Buchung: cghEarth, Tel. 04 84-2 66 82 21 oder 04 84-2 66 68 21
Zentrale Buchung: Tel. 04 84-3 01 17 11 oder 04 84-3 01 17 12
E-Mail: contact@cghearth.com und coconutlagoon@cgheart.com
Website: www.cghearth.com

1

2

3

... und vor Ihrer Tür der Pool – Kumarakom Lake Resort

Sie suchen das Besondere, Exquisite? Auch wer schon in sehr viele Swimmingpools getaucht ist, hat einen wie diesen wahrscheinlich noch nie genossen. 250 Meter lang schlängelt er sich durch die Villen-Landschaft des »Kumarakom Lake Resort«. Dieser gepflegte, reine Wasserlauf macht's möglich: aus der Glastür seiner »Pool Side Villa« auf einen privaten schattigen Ruheplatz hinauszutreten und gleich in das kühlende Nass zu steigen, mit einer Bewegungsfreiheit jenseits aller herkömmlichen Swimmingpool-Erfahrung. Ein Luxuserlebnis der erfrischendsten Art.

Das »Kumarakom Lake Resort«, um die Jahrtausendwende eröffnet, hat sich rasch bei den Spitzenadressen Keralas platziert. Pool-Side-Villen sind da nur eine der drei Wohnmöglichkeiten. Das 25 Acre-Gelände – also mehr als 100 000 Quadratmeter – hat Platz genug für rund 50 Villen, auch Cottages genannt. Davon sind 22 einzeln stehende »Heritage-Villen«, *illams*, ehemalige ländliche Gehöfte, heißt es, die aus verschiedenen Dörfern Keralas hierher gebracht, genauer, mit aller Sorgfalt dort abgebaut und im »Kumarakom Lake Resort« wieder errichtet wurden. Sie zeigen die schön geschmiedeten Messingriegel alten Designs an den Türen. Moderne wandhohe Fenster bieten herrliche Ausblicke.

Luxuriös und schön zu wohnen ist der eine Reiz des »Kumarakom Lake Resort«. Ein ganzes Bündel anderer Verlockungen kommt noch hinzu: die gute, auf hohe Ansprüche vorbereitete Küche (Shrimps und Hummer!), die heilsamen Ayurveda-Kuren, die Exkursionen zum Angeln im Vembanad-See.

Speziell empfehlen sich jedoch die Ayurveda-Kuren, die im »Lake Resort« an einem besonderen, traditionellen Ort geboten werden: im »Ayurmana«, dem kostbarsten Heritage-Gebäude des Resorts. Das »Ayurmana« stand ursprünglich in einem Kerala-Dorf namens Puthenhav und wurde schon vor einem Jahrhundert von einer weithin berühmten Heilerfamilie bewohnt.

Das Ayurveda-Zentrum des »Kumarakom Lake Resort« wurde von Keralas Regierung mit dem »Green Leaf« ausgezeichnet. Jede Ayurveda-Behandlung beginnt hier übrigens mit Atemübungen. Zahllose »Lake Resort«-Gäste erinnern sich gern an die frühen Morgenstunden, in denen sie mit dem Blick auf den See atmend die Arme zum Himmel hoben.

5

6

4

1 Der Pool des Kumarakom Lake Resort ist nur durch einen schmalen Steg von Keralas Backwaters getrennt. **2** Die Behandlung mit den warmen Kräuterstempeln wirkt tiefenentspannend. **3** Originell: ein Wasserlauf als Swimmingpool. **4** Eine Augendweide – Blüten und Blätter kunstvoll arrangiert. **5** Abends lässt es sich wunderbar träumen auf der eigenen Terrasse vor den Gästehäusern ... **6** ... und auch die wunderschönen Zimmer sorgen sicher für angenehme Träume.

Zeit für Kumarakom Lake Resort****

Mitglied der »Small Luxury Hotels of the World«. Direkt am Vembanad-See auf sehr großem Grundstück, mit Heritage-Villen (22), mit Pool Side-Villen (26) an einem 250 Meter langen mäandernden Swimmingpool sowie zwei Präsidenten-Suiten. Garten-Bäder unter freiem Himmel. Auf die Gäste warten ferner zwei Multi-Cuisine-Restaurants, Ayurveda-Zentrum »Ayurmana«, Töpferei, Handicraft-Laden, Health-Club, Billard, Konferenzraum, drahtloser Internetanschluss. Dazu Wassersport, Backwater-Touren und Angel-Exkursionen. Vom Kochi International Airport rund 70 km entfernt, nächster Bahnhof Kottayam (14 km).

Kumarakom North Post – Kottayam
Tel. 04 81-2 52 49 00 oder -2 52 45 01
kostenlose Reservierung 16 00 44 55 30 (in Indien)
E-Mail: klresort@vsnl.com
Website: klresort.com

1

2

Tropenflora zum Träumen – Vivanta by Taj

Wasser und Land gehen am Vembanad-See kaum merklich ineinander über, und das Taj-Management macht davon für seine Gäste Gebrauch. Eine einstige Lagune verwandelte sich in einen kleinen See, heimelig eingerahmt von üppigem Gartengrün, aus dem Villen und Cottages hervorschauen. Wer die Wolkenspiele über dem Vembanad-See genießen oder einen Bootsausflug machen möchte, ist zu Fuß in wenigen Minuten am Ufer, ein stattliches Taj-Hausboot schaukelt in sanfter Dünung.

Erst neuerdings entstanden direkt am See Taj-Luxusvillen, mit privatem Pool samt Jacuzzi. Vor den großen Glastüren erstreckt sich die Wasserlandschaft bis zu den grünen Küsten, ein Prachtpanorama. Andere Luxusvillen und -zimmer blicken auf Garten, Seerosenteich oder Swimmingpool.

Das Haupthaus ist sogar älter als Indiens berühmtestes Hotel, das »Taj Mahal«-Hotel in Mumbai (Bombay). Das »Vivanta by Taj« wäre noch immer eine stimmige Location für die Verfilmung eines viktorianischen Indien-Romans. Damals allerdings beherbergte das um 1880 erbaute Giebelhaus keine Hotelgäste, sondern war der Wohnsitz des britischen Missionars Henry Baker. Der erwarb vom Travancore-Maharaja das umliegende Areal aus Kokospalmwäldern und Paddyfeldern (das sind die leuchtend grünen Reisfelder), rund 1200 Hektar. Doch nach der Gründung des Bundesstaats Kerala 1956 galten unter der kommunistischen Regierung neue Gesetze, die den abhängigen Bauern eigenes Land gaben. Mehr als sechs Hektar sollten niemandem gehören. »Baker's Villa« wurde Regierungsgästehaus und 1996 zum »Taj«-Hotel.

Seither ist das Resort mit seinem herrlichen alten Baumbestand nur noch attraktiver geworden. Und die Doppel-Cottages sind so geschickt mit Grünwuchs umgeben, dass die Bewohner auf den überdachten Terrassen kaum merken, dass sie Nachbarn haben.

Taj-Angebote draußen: Radausflüge in die Dörfer, wo man sich »Toddy«, den Kokosnuss-Schnaps, zu Fischcurry und Tapioka schmecken lassen kann, Rundgänge in den Städten Alappuzha – am Meer – und in Kottayam im Hinterland, Angeln, Exkursionen zu Tempeln oder zum Dorf Ayyamanam, Schauplatz des weltberühmten Romans von Arundhati Roy, *The God of Small Things*. Noch mehr? Das Ayurveda-Zentrum steht bereit …

1 Die Veranda ist ein beliebter Gästetreff vor und nach den Mahlzeiten. **2** Am Hügel zwischen Palmen und Urwald finden sich einige Gästezimmer. **3** So kommt es zu Ruhesitzen, ungestört im Grünen. **4** Schönheit am Wege! **5** Komfort-Bungalows mit Blick auf den hauseigenen See sind auch geboten.

Zeit für Vivanta by Taj – Kumarakom****

Eine Oase der Ruhe. Henry Baker, ein britischer Missionar des späten 19. Jahrhunderts war erster Bauherr, jüngst wurde wieder renoviert. Charmante Bungalows, Cottages und moderne Luxusvillen gruppieren sich um einen künstlich angelegten See, mit Gärten im Baumschatten, Swimmingpool, Haus- und Sportbooten. Restaurant »Baker's Dining Room« mit exzellenter Küche, »Sunset Bar«, Fitness-Zentrum, Kinderbetreuung, Mietwagen, Ayurveda, Exkursionen. Geschäftsservice (Breitband-Internetanschluss). Makelloser Service, freundliches, aufmerksames Personal. Vom internationalen Airport Kochi etwa 70 km entfernt, nächster Bahnhof Kottayam etwa 14 km.

1/404 Kumarakom, Kottayam
Tel. 04 81-2 52 57 11-16
E-Mail: Vivanta.kumarakom@tajhotels.com
Website: www.vivantabytaj.com

1

3

Lust auf Strand, Meer und Palmen – The Marari Beach

So weit man nach Norden oder Süden blickt: sonnenheller Strand, fast menschenleer, nur die dunklen Boote der Fischer liegen da und dort im warmen Sand. Das ist heute kaum anders als vor Jahrzehnten, als die Dominic-Brüder der Hotelgruppe cghEarth, die damals noch »Casino-Group« hieß, an der Malabar-Küste Ausschau hielten und hier den idealen Standort für das »Marari Beach«-Resort fanden. Nun lässt die Arabische See ihre glitzernden Wellen weit ans Ufer rollen, ebenso unabsehbar erstreckt sich die Front der Palmenwipfel am Strand und spendet den erwünschten Schatten.
Die Gründe, die damals für diesen traumschönen Platz sprachen, gelten bis heute. Da ist die günstige Lage: Die Doppelstadt Kochi-Ernakulam ist weit genug entfernt, um die grüne Natur nicht einmal mit ihren Ausläufern zu beeinträchtigen. Vom Flughafen Kochi sind die Gäste aber schon nach einer guten Stunde an ihrem Ziel. Wer von Keralas Hausboot-Zentrum Alappuzha (früher: Alleppey) zu einer Backwater-Tour aufbrechen will, braucht von Marari Beach nur etwa eine Viertelstunde.
Seinen Namen hat das »Marari Beach« von dem benachbarten Fischerdorf Mararikulam. Täglich rudern die Fischer hinaus. Man kann zuschauen, wie sie nach nächtlichem Fischfang durch die Brandungswellen zurückkehren, von den Frauen am Strand erwartet, und wie sie ihre Boote an Land ziehen, mit Gesängen, die bereits Generationen vertraut sind. Fährt oder radelt man von »Marari Beach« zum National Highway NH 74, kann man bei einem Dorfbesuch die Handwerker beobachten: beim Juteweben oder beim Verarbeiten der Kokosnussfasern zu Seilen.
Übrigens gibt das »Marari Beach«-Management im »Service Directory« einen guten Rat: »Never ever, stray too far from the resort in your beach attire – or other scanty clothing ... Protect their culture and you're protecting yourself.« Kleinigkeiten sind oft so wichtig ...
Jeder Marari-Morgen lässt einen schon beim kurzen Weg vom Cottage durch den lichten, hochstämmigen Palmenwald zum Strand Freude empfinden. Man ist um diese Zeit meist noch allein, bis auf einen Strandwächter. Ein Stück planetarische Weite zwischen Meer und Himmel ist zu erleben. Und am Abend steigern feurige Sonnenuntergänge das Erlebnis.

1 Ein Toddy Tapper, auf Deutsch Palmsaft-Zapfer. 2 Das Versprechen von Entspannung und Heilung – Eingang zum Ayurveda-Bereich. 3 Die geräumig-komfortablen Bungalows sind mit Elefantengras gedeckt. 4 Die bunt schillernden Libellen sind in Indien weit verbreitet. 5 Teils unter freiem Himmel: Badezimmer.

Zeit für Marari Beach Resort****

Beim Dorf Mararikulam. 52 Villen mit Air-Condition (Garden Villas, Garden Pool Villas und Deluxe Pool Villas), mit regionaler und internationaler Küche, Bar und Strandbar. Ayurveda-Zentrum (»resident doctor«), Yoga und Meditation. Sport: Tennis, Tischtennis, Volleyball. Leihfahrräder. Umkleidemöglichkeit und Duschen am Swimmingpool. Strandwächter am Meer, Floß, Hängematten. Exkursionen. Laden mit Kunsthandwerk, Büchern, Textilien und mehr. 90 km vom Flughafen Kochi, 60 km von der Stadt Kochi, 17 km von Alappuzha entfernt.

Buchung: cghEarth, Tel. 04 84-2 66 82 21 oder -2 66 68 21
Zentrale Buchung: Tel. 04 84-3 01 17 11 oder -3 01 17 12
E-Mail: contact@cghearth.com
Website: www.cghearth

1

2

3

4

Am Morgen zu den Elefanten

Der Periyar, Keralas beliebtester Nationalpark

Ein britischer Ingenieur und ein Maharaja von Travancore gaben die ersten Impulse – aber ihre Visionen zielten weder auf einen Nationalpark noch geradezu auf das Wohl Keralas.

Es war um die Mitte der 90er-Jahre des 19. Jahrhunderts. In Deutschland erfand gerade Rudolf Diesel einen Motor, der heute weiter verbreitet ist als je zuvor, in Paris wurde der stählerne Turm des Ingenieurs Gustave Eiffel zum neuen Wahrzeichen der Stadt. Ein britischer Ingenieurskollege in Südindien, Colonel J. Pennycuick, fand damals eine Patentlösung für den Wassermangel in Keralas Nachbarstaat Tamil Nadu.

Der Periyar-Fluss, einer der größeren unter den rund 40 Flüssen Keralas, wurde an der Grenze zum Nachbarstaat aufgestaut, und ein 180 Meter langer Tunnel nach Tamil Nadu gebohrt. Durch diesen strömte Periyar-Wasser nach Madurai, der altehrwürdigen, doch unter Wassermangel leidenden Tempelstadt Tamil Nadus, statt durch Kerala in die Arabische See.

Der Maharaja von Travancore, einer jener Fürsten, die von den Briten mit beschränkter Souveränität auf ihrem Thron belassen wurden, stellte in den folgenden Jahren große Waldgebiete unter Schutz, um sich Jagdreviere zu erhalten. Beide Aktionen, der Bau des Staudamms, der viele Quadratkilometer Wald im Periyar-See versinken ließ, ebenso wie der fürstliche Waldschutz, kommen nun dem Periyar-Nationalpark zugute. Der entstand in den 1930er-Jahren und umfasst 777 Quadratkilometer einschließlich ehemaliger fürstlicher Jagdreviere und des Sees, auf dem Periyar-Besucher sich gern auf bunten Booten herumfahren lassen. Immer wieder kann man auf den Uferstreifen Elefanten beim exzessiven Blätterverzehr, Languren-Affen und Wildschweine beobachten.

Ein »Königreich der Tiere« hat man den Periyar-Park genannt. Sogar für Liebhaber von exotischen Flugtieren ist er eine gute Adresse. Das Flughörnchen mit einer Gleitflughaut zwischen den Gliedmaßen, die »Fliegenden Frösche« mit ihren Zehen-Schwimmhäuten und ebenso die schwarzgelb gemusterten »Fliegenden Schlangen« mit ihren roten Rosetten sind allesamt imstande, sich auch über nicht ganz kurze Strecken in der Luft zu bewegen. Was da kreucht und fleucht im Periyar-Park, kennen am allerbesten die Adivasis, die

1 Die Bohnen eines Kaffeestrauchs. **2** Expertin im Pfeffer-Sortieren: Die weißen Körner sind die Mühe wert. **3** Die langen Bergzüge der Western Ghats, gesehen vom »Paradisa Plantation Retreat«. **4** Elefantenfamilien schätzen die grün überwachsenen Seeufer, das gibt vom Oberdeck der Ausflugsschiffe aus beste Fotochancen.

1

2

3

Ureinwohner Indiens, die heute noch in Stammesgemeinschaften leben. Hier sind es die Stämme der Mananan und Ooralis. Mananen können zum Beispiel exzellent klettern, sie sammeln Wildhonig in den Nestern der großen »Hügelbienen«, und zwar nachts, weil das Risiko, von den Bienen gestochen zu werden, dann geringer ist.
Unter den Adivasis hat die Nationalparkverwaltung auch walderfahrene Männer als Parkführer gefunden und ausgebildet. Mit dem erwünschten Nebeneffekt, dass die ehemaligen *poacher* (Wilderer) zu Naturschützern geworden sind. Sie helfen heute, kriminelle Wilddiebe vom Park fernzuhalten. Früher haben sie die Jagd, die ihnen bereits zu britischen Zeiten verboten war, ohne großes Unrechtsbewusstsein betrieben – waren sie etwa nicht im Wald zu Hause, schon immer?
Jeder Reise nach Kerala fehlt etwas, wenn man sich nicht in dieser großen, von keiner Bewirtschaftung entstellten Wald- und Naturlandschaft wiederfindet – ausgenommen Schiffsrundfahrten und die KTDC-Hotels im Zugangsbereich. Die Führer bieten ihre Begleitung bei Tag und Nacht an, auch für mehrere Tage. Dann ist auch ein Koch dabei, außerdem mehrere Führer und Helfer, und einer ist mit einem Gewehr ausgerüstet, man weiß ja nie, ob sich etwa in der Nähe einer Elefantenherde einer der Gäste regelwidrig verhält, etwa plötzlich Lärm verursacht. So groß wie sie sind, können Elefantenmütter schreckhaft und aggressiv reagieren, weil sie eine Situation falsch, nämlich als gefährlich für ihren Nachwuchs, einschätzen. Gefährlich wird's dann für alle anderen.
Meistens sind die Erfahrungen im Hügelgelände des Periyar-Parks friedlicher, ob im morgendlichen Sonnenlicht, unter Wolken oder bei einer Nachtwanderung, wenn man die Tierwelt kaum mehr mit den Augen, nur mit den Ohren wahrnimmt, sich aber zugleich daran freut, wie die Augen sich so weit an das Dunkel gewöhnen, dass man ohne Lampe den Boden vor seinen Füßen erkennt. Dazu die nächtlichen Vogelrufe, der Sternenhimmel, die Gerüche der Pflanzen – ein Erlebnis der besonderen Art, vor allem für Menschen der westlichen Welt, in deren Dasein wirkliches Nachtdunkel eine große Seltenheit ist. Rund 900 Elefanten leben um den Periyar-See, auch etwa 40 Tiger.
Wie es da plötzlich zu dramatischen Begegnungen kommen kann, erlebte ein deutsches Ehepaar. Vor zwei Jahren waren Heidi und Werner Veit-Schäfer – nicht mehr die Jüngsten, doch äußerst reiseerfahren – auf dem »Tiger Trail« unterwegs, begleitet von einem »forest guard«, Köchen und Trägern. Am zweiten Tag, so berichten sie in ihrem Reisetagebuch, »überquerten wir mit einem Floß den

1 Anfahrt zum »Lake Palace«. **2** Blütenpracht. **3** Eine Otter-Familie wachsam unterwegs. **4** Ein Schiff der Schlichtklasse, gut besetzt.
5 Natur beobachten! Der Periyar-Park hat sehr viele indische Gäste.
6 Ausflugsschiff auf Rundfahrt, mit einer Steuerkabine wie von einem Lastwagen.

Fluss und trafen auf eine riesige Gruppe von Bisons. Vom Waldrand aus, unter einem hohen Baum, beobachteten wir die rund 50 Tiere, darunter drei große schwarze Bullen und drei Bisonbabys. Es war friedvoll, wie sie alle ästen, trotzdem lag eine Spannung in der Luft. Die drei Bullen entfernten sich von der Herde, was uns alle sehr verwunderte, deshalb gingen wir vorsichtig in eine andere Richtung. Doch da kamen uns Elefanten entgegen. Wir mussten zurück. Dann geschah etwas Unglaubliches! Ein furchtbares Gebrüll ertönte, die Erde bebte. Jetzt passiert es, dachte ich, und hörte nur noch, wie der »guard« sein Gewehr entsicherte. Fassungslos sahen wir, wie einer der drei Bisonbullen in unsere Richtung jagte, dicht vor sich einen Tiger. Der Tiger sah uns und änderte blitzartig seine Richtung, gefolgt vom Bisonbullen. Beide verschwanden im Wald. Wir waren wie erstarrt und dann so begeistert, dass wir Luftsprünge machten und uns in die Arme fielen.«

1 Komfort inmitten der Nationalpark-Landschaft. 2 Erinnerung an die lang vergangenen Zeiten der Tigerjagden. 3 Exklusiv in Lage und Ausstattung ist das »Lake Palace« mit nur sechs Zimmern in jedem Fall. 4 Melonensaft zum Frühstück im »Lake Palace«, wo sich allen gute Ausblicke in den Nationalpark bieten.

Bei aller Lust auf Abenteuer, man sollte besser nicht auf solche Erlebnisse spekulieren. Nicht bloß deshalb, weil sie doch einmal schlechter für alle Beteiligten ausgehen könnten. Vor allem aber, weil sich die Tiger in Indiens südlichstem Tiger-Reservat nur selten den Menschen zeigen und sich die meiste Zeit im *core* aufhalten, in der Kernzone des Schutzgebiets. Selbst erfahrene Führer bekommen oft jahrelang keinen Tiger zu Gesicht.
Trotzdem ist die Anziehungskraft des Nationalparks so groß, dass nicht nur Thekkady, sondern auch das Nachbarstädtchen Kumily mit vielen Hotels, Cafés, Restaurants und Läden aufgerüstet hat. Man kann anspruchsvoll oder einfach wohnen, mitten im touristischen Leben oder ruhig am Rande. Etliche Gewürz- und Teeläden konkurrieren um Kunden, man findet aber ebenfalls gut bestückte Buch- und Musikläden, kann seltene Antiquitäten, Teppiche und Schmuck erstehen – und immer wieder in die Natur eintauchen.

Neben anderen Exkursionen – zu Gewürzplantagen oder einer Teefabrik – gibt es in den Bergen auch ein Ziel für Besucher, die am christlichen Leben interessiert sind: Beim Dorf Murinjapuzha hat der Theologe Xavier Koodapuzha vor wenigen Jahren ein Kloster gegründet. Es ist das einzige Männer-Kloster, das nach der kanonischen Überlieferung der Syrischen Malabar-Katholiken geführt wird, unter Leitung des Gründers. In schöner Landschaft gelegen, in etwa 1000 Metern Höhe mit Fernblick auf die Arabische See, lädt es ein zu Einkehr, Gebet, Kontemplation und Studium, samt Kapelle und guter Bibliothek. Es gibt Übernachtungsmöglichkeiten, Besucher sind willkommen, die spirituelle Erfahrungen suchen (siehe auch Vembanad-See, Seite 28).

Keralas meistbesuchter Hindu-Pilgerort Sabarimala liegt südwestlich vom Periyar-Park in den Bergen. Bis zum Ort Pampa am Fluss gleichen Namens führt eine Straße, den Weg weiter hinauf nach Sabarimala ersteigen die Pilger – Frauen dürfen es erst ab 50 Jahren – zu Fuß, um Ayappa zu verehren, einen Nachkommen Shivas. Der Tempel, wohl der drittreichste Indiens, wird alljährlich in der Zeit von November bis Januar (Hauptfesttag ist der 14. Januar) von etwa 1,7 Millionen Hindus und Gläubigen anderer Religionen aufgesucht.

Zeit für den Periyar-Nationalpark

Anreise und Reisezeit

Nächster Flughafen Kochi (ca. 185 km). Busstation Kumily/ Periyar an der Strecke Ernakulam-Madurai. Etwa sechs Stunden von Ernakulam entfernt. Mit Leihwagen von Kochi etwa vier Stunden.
Beste Reisezeit: September bis März.

Unterkunft

Taj Garden Retreat Thekkady*/****** Traditionelle Kerala-Architektur im üppigen Garten einer ehemaligen Plantage, Pool, 32 Zimmer. Amalambika Road, Thekkady, Tel. 0 48 69-22 24 01, E-Mail: retreat.thekkady@tajhotels.com, Website: www.taj-hotel.com/taj-garden-retreat-thekkady.html
Lake Palace* (KTDC)** Im Nationalpark, erbaut 1889 für den Maharaja von Travancore. Kühle Noblesse, das Sechs-Zimmer-Schlösschen in bester Gartenlage über dem See ist nur per Boot erreichbar (20 Min.). Buchung über Kerala Tourism Development Corporation (KTDC) oder beim Hotel **Aranyanivas*/**** (KTDC). Beim Anlegeplatz zu den Schiffsrundfahrten im Nationalpark gelegen, geräumig und sorgsam renoviert, mit Restaurant, Pool und Parkplatz, 26 Zimmer. Tel. 0 48 33-9 22 20 23, E-Mail: aranyanivas@sancharnet.in, Website: www.lakepalacethekkady.com
Shalimar Spice Garden*** 20 Cottages in romantischem Waldtal, eine glückliche Mischung aus modernem Design und grüner Natur. Gutes Multi-Cuisine-Restaurant, Swimmingpool, Yoga und Massage. Murikkady P.O., Idukki District, Tel. 0 48 69-22 30 22, Website: www.shalimar.com, Buchung auch über »Niraamaya Retreats Kovalam«, Chowara Beach, siehe Seite 67).

Sehen und erleben

Im Nationalpark: Bootsrundfahrt, Nacht-Trekking, Bambus-Rafting, Exkursionen (auch mehrtägig: »Periyar Tiger Trail« mit Camping, in Begleitung bewaffneter Parkaufseher zum Schutz vor aggressivem Großwild). In Kumily: Kunsthandwerk, Antiquitäten, Juwelier-, Textil- und Gewürzläden.

Ziele in der Umgebung

Mangaladevi-Tempelruine (auf rauer Jeep-Piste 14 km östlich). Besichtigung der »High Range Tea Factory« (19 km nördlich, abseits der Straße nach Madurai).

Auskunft

Tourist Office, im Hotel »Aranyanivas«, Thekkady, Tel. 04 86-3 22 20 23 und in Kumily am Abzweig von der Hauptstraße nach Kumily, Tel. 04 86-2 32 26 20.

1

2

3

Dorf der hundert Bäume und Gewürze – Spice Village

Alle Kinder, die schon etwas größer sind, tun es gern: mit der Faltkarte »Explore the Treasures of Spice Village!« durch den Park laufen und die Namen von den botanischen Täfelchen sammeln – von Aloe und Arabian Coffee bis zu Teak und Vanilla. Beim Biologen des Resorts erhalten sie hinterher dafür ein Überraschungsgeschenk. Der Park ist das Dorf, das Dorf ist der Park, und beides entspricht der Natur und dem Geist Keralas. Elefantengras deckt die Dächer der Cottages, statt Klimaanlage gibt es einen Ventilator, zum Dinner spielen Musiker auf.

Die Küche ist exzellent, bereits die Auswahl der Köstlichkeiten zum Frühstück ist Fünf-Sterne-verdächtig, vieles davon »home made«. Der »Tiger Room« dient als so etwas wie eine Außen- und Informationsstation des Periyar-Nationalparks.

Kein Zufall, dass die Achtung der Natur und die Bewahrung der Ressourcen im »Spice Village« wie im »Coconut Lagoon« (siehe Seite 38) eine Hauptrolle spielen: Beide wurden von den Dominic-Brüdern (cghEarth) gegründet, das »Spice Village« bereits im Jahr 1992. Wenn man sich bei einer Ayurveda-Kur mit Verjüngungseffekten dem »resident doctor« anvertraut, ist man hier bestens aufgehoben. Manche Gäste kommen allein deshalb Jahr um Jahr wieder her. Geradezu fantastisch mutet an, wie unterschiedlich ein Aufenthalt im »Spice Village« aussehen kann, je nachdem, ob der Gast eine Oase der Ruhe sucht oder das intensive Erleben der Berglandschaften, der Cardamom Hills, mit Exkursionen zu den Gewürz-, Kakao- und Gummiplantagen und in die Dörfer der »Tribals« oder mit Trekking im Periyar-Nationalpark. Nicht zuletzt ist der Doppelort Kumily-Thekkady seit jeher auch eine Raststation auf dem Weg von der Küste bei Alappuzha und Kochi zu den Tempeln von Madurai und Thanjavur. Entsprechend rasch ist aus Kumily und Thekkady straßenweise ein großer Basar geworden.

Das »Spice Village« liegt zugleich an der Straße zum Periyar-Nationalpark mit seinen Elefanten, Tigern, Affen und zahllosen Vögeln. Rundherum ist das Resort von einer dicht begrünten, hohen Mauer umgeben. In dieser Kerala-Welt, geschaffen von den Händen geschickter Landschaftsgärtner, dominiert das Grün: vom kurz gehaltenen Elefantengras auf dem Boden bis zu den belaubten Wipfeln hoher Bäume.

1 Bambusgehölz, undurchdringlich dicht und von imposanter Höhe. **2** Tierische Gäste – Perlhühner auf Futtersuche im Spice Village. **3** Im Park der Gäste-Bungalows. **4** Kochschule für die Gäste des Spice Village. **5** Kleine Gewürzausstellung: links grüner Kardamom, schwarzer Pfeffer und bräunlich-roter Zimt, rechts Sternanis.

Zeit für Spice Village***

Im Ort Thekkady, doch ruhig und idyllisch gelegen, mit 52 geräumigen und behaglich ausgestatteten Cottages, zum Teil mit eigenem Gartenhof. Vorzügliches Multi-Cuisine-Restaurant und »Woodhouse«-Bar, schöner Swimmingpool, attraktiver Laden. Sportliche Aktivitäten wie Tennis und Tischtennis, am Abend werden Kochkurse angeboten. Ayurveda-Zentrum, Musikvorführungen. »Tiger Room« mit Infos zum Periyar-Nationalpark. 130 km vom Flughafen Kochi, 145 km vom Flughafen Madurai entfernt.

Kumily Road, Thekkady, Tel. 0 48 69-22 45 14-5 23 oder 0 48 69-22 23 14-3 16
E-Mail: spicevillage@cghearth. com
Buchung: cghEarth, Tel. 04 84-2 66 82 21 oder 04 84-2 66 68 21
Zentrale Buchung: Tel. 04 84-3 01 17 11
E-Mail: contact@cghearth.com
Website: www.cghearth

1

2

3

Wunschort im Niemandsland – Paradisa Plantation Retreat

Idukki heißt diese Landschaft aus weitläufigen Waldgebirgen, auf Deutsch »enge Schlucht«, und erstreckt sich doch weiträumiger als alle anderen Distrikte Keralas, während sie zugleich dünner besiedelt ist.

Wer das »Paradisa Plantation Retreat« erfunden hat, kannte sich mit Wünschen aus. Auf Geländeterrassen etwas unterhalb der Berghöhe wurden freistehende Häuser in klassischer Kerala-Tradition aufgestellt mit breiten Holzbalken, offenen, von stattlichen Säulen getragenen Vorbauten und Ziegeldächern.

Was Wände, Fenster und Türen samt ihren aus einem Stück geschnitzten Türangeln vermuten lassen, bestätigt C. P. Simon, der Erfinder und Eigentümer des »Paradisa«. Es sind historische Häuser aus südindischen Dörfern, die er hat zerlegen und in ihrer ursprünglichen Form wieder aufbauen lassen. Geschäftsmann aus alter Kerala-Brahmanenfamilie sei er und Architekt – dies nicht mit Diplom, aber von Beruf.

Unweit einer ehemaligen Sommerresidenz der Könige von Travancore ließ Mr. Simon eine Privatstraße herrichten, baute sich ein Haus und lud Freunde ein. Diese genossen den Platz derart, dass sie ihm zuredeten, ein »Retreat« zu gründen.

»Retreat« bedeutet Rückzug, im Hotelfach jedoch ist es ein Ort, um Ruhe und aus dem Abstand vom Alltäglichen neue Kraft zu schöpfen. Zur Perfektion des »Paradisa Plantation Retreat« gehört die Harmonie von Landschaft und Bauwerk. Zum außergewöhnlichen »Retreat«-Erlebnis gehört aber auch, dass der Gast seine Tage je nach Lust und Laune kontemplativ oder aktiv verbringen kann. Erlebnisse im Umkreis sind Naturerkundung auf Waldspaziergängen, Trekking-Touren, Kletter- und Abseilübungen am Fels, Gleitschirmflüge über die Bergwälder, Besuche in den Plantagen und im nahen christlichen Kloster Nallathanny (siehe Vembanad-See, Seite 36).

Ayurveda, Astrologie, Akupunktur – im »Paradisa« lassen sich Termine mit Experten verabreden. Abends, wenn sich der Ausblick vom Restaurant im Dunkel der Nacht verliert, glitzern wenige Lichter aus den Walddörfern herüber. Dann haben unter dem Runddach brillante *kathakali*-Tänzerinnen oder -Musiker ihren Auftritt.

Das Gästebuch ist voll von Besucherlob, mit Dank für himmlische Ruhe und unvergessliche Gastlichkeit.

Zeit für Paradisa Plantation Retreat***

»Heritage«-Architektur in idealer Waldgebirgslandschaft. Eine Oase der Ruhe. Geschmackvoll eingerichtete Cottages und Studios mit vielen liebevollen, handgearbeiteten Details (Schnitzwerk). Yoga, Ayurveda, Theater, Tanz, Wandern. Paragliding. 140 km östlich von Kochi International Airport entfernt, nächste Bahnstation Kottayam. Viele Freizeitaktivitäten und Ausflugsmöglichkeiten, zum Beispiel ein Tag »Periyar Tiger Reserve«, nur eine gute Autostunde (37 km) von der Anlage entfernt, oder ein Besuch der Teeplantagen.

Murinjapuzha P.O., Idukki District, Tel. 0 48 69-28 81 19
Buchung: 04 69-2 60 28 28 oder 04 69-2 70 13 11
E-Mail info@paradisaretreat.com,
aradisa@rediffmail.com,
paradisaretreat@yahoo.co.in
Website: www.paradisaretreat.com

1 Baden und schauen, schauen und baden ... **2** Yoga am Morgen vertreibt Kummer und Sorgen. **3** Wer Bergpanoramen liebt, wird sich an den Ausblicken von Paradisa nicht sattsehen können. **4** Auch während der Mahlzeiten kann man das Panorama genießen. **5** Das Resort ist in den Hang gebaut und dadurch gibt es immer wieder neue Perspektiven zu entdecken.

1

2

3

Schlösschen über dem Meer – The Gateway Hotel

Der Talgrund öffnet sich zum Meer hin, unterbricht damit die Geländestufe, die Reihe roter Klippen und ihrer Steilwände, auf deren Höhe Varkala sich ausbreitet. In wenigen Minuten ist man vom Hotel am Strand. Auch der Janardhanaswamy-Tempel ist bequem zu Fuß erreichbar.

Und wenn man lieber auf einem Elefantenrücken unterwegs ist – das »Gateway Hotel Janardhanapuram Varkala« wird auch diesen Wunsch erfüllen. Oder möchte jemand Bootsplanken unter den Füßen spüren? Hinaus aufs Meer fahren, um einen der grandiosen Sonnenuntergänge zu erleben? Bei Kappil auf dem See dicht hinter der Küste kann man zwischen Tretboot, Motorboot und Wasserski wählen. Oder doch gleich beim Hotel Tennis spielen? Wer seinen Körper mit System in Bestform halten will, reserviert sich wohl zumindest für eine halbe Stunde das Fitness-Center.

Genussmenschen erfreuen sich derweil an den gastronomischen Künsten, die ihnen das Hotel vom Frühstück auf der Terrasse bis in die Nacht hinein anzubieten hat, mit ein paar nicht überlangen Pausen zwischen den Hauptmahlzeiten. Deren Schauplatz ist unter anderem das Restaurant »Cape Camorin«. Hohe Glaswände, Glastüren öffnen sich zur Terrasse hin und eröffnen den Gästen einen Blick auf den Garten, das Meer und den Himmel, kurz: auf das ganze Panorama der Arabischen See – eine Freude für Augen und Herz! Die Aussicht kann man übrigens auch vom Swimmingpool aus genießen, der in großzügig entworfener Form dicht am Hang über dem Talgrund platziert liegt. In den Pool versenkt: eine Bar zum Plaudern beim Cocktail – und mit dem großen Westküsten-Ausblick. Die zweite Bar, im Trockenen, heißt übrigens »Sunset Lounge« und verlockt so schon allein mit dem Namen zu einem Sundowner.

Von dem halben Dutzend »Taj-Hotels«, die es in Kerala mittlerweile gibt, ist das »Gateway Hotel Janardhanapuram Varkala« mit seinen nur 30 Zimmern der kleinste Vertreter. Aber: »Small is beautiful« – das spürt man, wenn man von der Gartenseite auf den leichten Bogenschwung der Hotelfassade schaut. In den Zimmern begegnet man dem eleganten und zugleich praktischen Komfort, für den alle »Taj«-Hotels bekannt sind. Auch das Ayurveda-Zentrum ist nicht groß, aber mit dem »Sowparnika Green Leaf« in seiner Qualität bestätigt.

5

4

1 Palmenwipfel ums Hotel. 2 Öllampe mit Deckel, im Blatt- und Blütendekor. 3 Garten- und Meeresausblick bei Dämmerung. 4 Auch das Essen wird bis ins Detail liebevoll inszeniert. 5 Hier legt sogar der Chefkoch noch selbst Hand an.

Zeit für The Gateway Hotel Janardhanapuram Varkala***

In Bestlage auf der Höhe über dem Strand und mit Traumblick über die Küste. Komfortabel mit herrlichem Swimmingpool, Fitness-Center, großzügiger Garten- und Baumparkanlage, Restaurant und zwei Bars. 30 elegant ausgestattete Zimmer und Suiten mit Balkon oder offener Terrasse mit Meerblick. Das Restaurant »Cape Camorin« serviert indische, chinesische und kontinentale Gerichte. Freizeitaktivitäten wie Tennis, Tischtennis, Volleyball, Badminton und Bootsfahrten. Das Ayurveda-Zentrum wurde mit dem »Sowparnika Green Leaf« ausgezeichnet. Zuvorkommender, freundlicher Service. 55 km vom internationalen Flughafen Trivandrum entfernt.

Janardhanapuram, Varkala
Tel. 04 70-2 60 30 00
E-Mail: gateway.varkala@tajhotels.com
Website: www.thegatewayhotels.com

1

2

3

4

Hightech, Kunst und Luxus

Königsstadt Thiruvananthapuram und Kovalam-Küste

Ihre Abseitslage so tief im Süden Indiens kann Keralas Hauptstadt einen Mehrwert an Lebensqualität einbringen – weil der Modernisierungsschub später einsetzt und Bausünden der Megastädte unterbleiben konnten.

Der neue, in Wirklichkeit aber alte Name der Hauptstadt ist ein Zungenbrecher. Oder sagen Sie doch mal gleich: Thiruvananthapuram! Das Silbengestrüpp bereitet nicht nur manchem Europäer Mühe, auch Keraliten weichen noch immer gern auf die Kurzform »Trivandrum« aus. Mit ein wenig Übung kommt jedoch selbst Touristen der Siebensilber »Thiruvananthapuram« bald locker über die Lippen. Hindus kennen selbstverständlich die heilige Bedeutung des traditionsreichen Stadtnamens. »Thiru-anantha-puram« heißt »die Stadt des Herrn Anantha«, nämlich des Gottes Vishnu, mit anderem Namen Padmanabha, der auf der Weltenschlange ruht.
Unter den Königen von Travancore, des Reichs im Süden Keralas, verstanden sich einige besonders gut darauf, ihre Frömmigkeit zu politischem Vorteil auszuspielen. Aus der alten Hauptstadt Padmanabhapuram im Süden – wo der Palast aus Teakholz und Granit heute eine Hauptsehenswürdigkeit ist – verlegte König Rama Varma seine Residenz 1795 nach Thiruvananthapuram. Damals gewann britisches Militär die Vorherrschaft über die Reiche Travancore und Kochi. Die Travancore-Könige wurden nicht von ihrem Thron verjagt, mussten sich aber der britischen Kontrolle unterwerfen. Schon zuvor hatten sie sich zu »Dienern« Vishnus/Padmanabhas erklärt und ihr Königreich samt Palästen formell dem Padmanabha-Tempel in Thiruvananthapuram übereignet. Ihre Nachfahren üben seit der Gründung des Bundesstaates Kerala 1956 keine politische Macht mehr aus, halten jedoch daran fest, kein persönliches Eigentum an Palästen und Tempeln zu besitzen. Zum Vorteil ihrer Steuerpflicht, wie man sich in Thiruvananthapuram erzählt.
In diesem Trivandrum mit rund einer Million Einwohnern vollzieht sich jüngst eine rasante Entwicklung. Noch in den 1990er-Jahren eher schläfrig, fast ohne moderne Hotels und Restaurants, blieb Keralas Hauptstadt vom Touristenstrom nahezu unberührt. Wer auf

1 Das Lächeln des Bananenträgers. **2** Kovalam ist vor allem für seine Strände bekannt, doch das Hinterland hat auch eine reiche Vegetation zu bieten. **3** Ein Mädchen schaukelt fröhlich im Veli-Park. **4** Prestigebau unter Giebelfülle: der Napier-Palast, den der britische Architekt Robert Chisholm im Auftrag des Travancore-Maharajas im 19. Jahrhundert entwarf. Heute Museum, zeigt der Palast unter vielem anderen eine exzellente Sammlung von Bronzen.

1

2

3

Thiruvananthapurams bescheidenem Flugplatz landete, machte sich in der Regel unverzüglich zu den Stränden von Kovalam auf. Bewunderer klassischer indischer Kunst besuchten allenfalls das »Napier-Museum« auf seinem Hügel im königlichen Parkgelände. Ein Maharaja hatte den Museumsbau 1855 gestiftet. Der britische Architekt Robert Chisholm entwarf ihn mit einer unglaublichen Zahl mit Ziegeln gedeckten Dachgiebeln, halb Missverständnis der Kerala-Architektur, halb Märchenburg. Aber was für kostbare Kunstwerke aus klassischen Zeiten entdeckt man unter den lebensgroßen und überlebensgroßen Bronzefiguren im »Napier-Museum«!

Heute lädt die Hauptstadt in ihren neuen Technopark, einen der größten Indiens, und meldet zukunftsstolz, schon seien über 150 000 Quadratmeter bebaut, mehr als ein halbes Hundert IT-Firmen seien eingezogen, sogar amerikanische, und mehr als 5000 IT-Spezialisten seien an der Arbeit. Die Bundesstaaten Südindiens konkurrieren nach dem Beispiel Bangalores um Internet und neue Technologien, parallel mit Thiruvananthapuram auch Hyderabad in Andhra Pradesh und Chennai (Madras) in Tamil Nadu. Zugleich plant Thiruvananthapuram den Modernisierungsschub des Fernverkehrs mit erweitertem Flughafen und neuen Bahnanlagen. Dabei werden Einfallsstraßen aufgerissen und verbreitert, auch wenn

4

Hunderte von kleinen Läden, die sich jenseits der Bebauungsgrenze vorgeschoben haben, diesen Plänen anheimfallen. Wie wird die kommerzielle Hauptachse der Stadt in fünf Jahren aussehen, die Mahatma Gandhi Road, die auf ihren zwei Fahrbahnen stets neue Staus erlebt und nur unter Gefahr zu überqueren ist?

Wir sind zuversichtlich, weil wir Thiruvananthapuram auch abseits der MG-Road kennen: Im Zentrum gibt es stattliche, klassizistisch anmutende Fassaden der Regierungs- und Verwaltungsbauten, angenehme Wohnviertel mit teils so schmalen Straßen, dass sich jedes Fahrertemperament zwangsläufig mäßigt. Dazu noch Museen und die ausgedehnten Parks, wie etwa der Veli Tourist Park am Meer, in dem große Skulpturen des Bildhauers Kanai Kunhiram ihren Platz haben, ausdrucksstark und originell in der Formgebung. In vielen Stadtvierteln trifft man auf herrlichste große Bäume.

Verschlossen bleibt den Nicht-Hindus allerdings der im 18. Jahrhundert mit prächtigem, turmhohem *gopuram* (Torturm und Zugang zum Tempel-Areal) erbaute Sri-Padmanabhaswamy-Tempel samt seinen 365 Granitsäulen und seinem Vishnu-Götterbild. Das besteht, hört man, aus massivem Gold. Der benachbarte nahezu ebenso alte Puthe Maliga Palace der Travancore-Herrscher - reich an feinem Schnitzwerk - ist zu besichtigen.

1 Am stadtnächsten Strand von Thiruvananthapuram. **2** Gute Laune beim Sonntagsausflug im Veli Tourist Park. **3** Im Basar nahe beim Sri-Padmanabhaswamy-Tempel mit dem sehenswerten siebenstöckigen Tempelturm. **4** Tempelwärter wie Riesen. **5** Keralas Kommunisten sind anders und werden gewählt. **6** Moderne Skulptur im Veli Tourist Park.

Und wer genug Stadtluft geatmet hat, findet am Stadtrand, zum Beispiel bei Poozhikunnu, eine liebenswerte ländliche Umgebung mit kleinen Tempeln, dörflichen Anwesen und frischen Bächen. Man kommt indischem Leben näher, quartiert man sich dort und nicht in einem Strandresort ein. Die meisten Urlauber zieht es aber unaufhaltsam zum Meer. Der Kovalam-Strand ist seit Jahrzehnten berühmt, nur 15 Kilometer von der Stadt entfernt und hügelan mit einer Vielzahl von Hotels und »Guesthouses« versehen. Fischer behaupten ihre Rechte am Strand trotzdem und sichern damit dem Strandleben ein Stück Ursprünglichkeit. Von der Höhe der Kovalam-Hügel sieht man sowohl das Meer als auch die Kokospalmenwälder, die sich bis zum Horizont erstrecken. Die Stadt Thiruvananthapuram scheint sehr fern, wie in einer anderen Welt.

Drunten am Meer gliedert sich die Strandlandschaft um das Felskap, auf dem der indische Architekt und Stadtplaner Charles Correa

1 Dachkonzert im »Ambad« Guesthouse am Stadtrand. **2** Nach Hausboot-Art: Dachkonstruktion über dem »Ambad«-Guesthouse. **3** Am Kovalam-Strand: das KTDC-Hotel »Samudra«. **4** Geduldsprobe: ein Mann beim Entkernen von Kokosnüssen. **5** Holzrelief mit Affe an einem Bungalow im Surya-Samudra-Hotel.

schon vor Jahrzehnten viel Beton in ein »Ashok«-Hotel verbaute: Im Norden des Felskaps liegen die »Kovalam Beach« und »Samudra Beach«, südlich vom Kap die »Hawah Beach« (auch als »Eve's Beach« bekannt), dann noch südlicher, zwischen dem »Sunset Point« von Edakallu und der Landmarke des Leuchtturms, die viel besuchte »Lighthouse Beach«. In den Wintermonaten drängen sich Sonnenanbeter, fliegende Händler und Netze flickende Fischer. Wer Ruhe und Naturerlebnis bevorzugt, reist noch weiter südwärts oder lässt sich bei entsprechendem Budget in einem der neuen Fünf-Sterne-Hotels verwöhnen: Das »Vivanta by Taj Green Cove Resort« (siehe Seite 64) wie das »Leela Kovalam Beach« eröffneten erst vor Kurzem, ein Indiz für das Vertrauen in die Wachstumskraft Thiruvananthapurams als Zentrum für Wirtschaft, Wissen, Politik. Opulente »Leela«-Hotels entstanden schon in Mumbai, Goa und Bangalore, immer mit zukunftsgewissem Ausblick auf Indiens wach-

5

sende Rolle sowohl in der globalen Wirtschaft als auch im globalen Luxustourismus. Das »Leela Kovalam Beach« ist die Neugeburt des erwähnten Charles-Correa-»Ashok«-Hotels. Dessen düstere Empfangshalle wurde in eine lichte Architektur aus Glas und hellem Holz verwandelt, man blickt auf ein Schwimmbad, das scheinbar ins Meer übergeht, und weit hinaus auf die weiß schäumende Brandungslinie der Palmenküste – Kovalam von seiner schönsten Seite!

Zeit für Thiruvananthapuram

Anreise und Reisezeit

220 km südlich von Kochi gelegen, 4–5 Stunden Fahrzeit. Zahlreiche Flug- und Bahnverbindungen.
Beste Reisezeit: September bis März.

Unterkunft

The Leela Kovalam Beach Kerala**/******* 194 Zimmer und Suiten, Restaurant, Café und Bar, zwei exklusive Strände, Fitness-Center und anderer Sport (Tauchen, Speedboat). Thiruvananthapuram, Tel. 04 71-3 05 12 34, Website: www.theleela.com
Muthoot Plaza*** Modernes Stadthotel mit empfehlenswertem Restaurant, das derzeit renoviert wird. Punnen Road, Thiruvananthapuram, Tel. 04 71-2 33 77 33, Website: www.muthootplaza.com
Samudra Hotel/*** (KTDC)** In Kovalam direkt an einer Strandbucht gelegen, mit Restaurant und Beer Parlour, Swimmingpool, Ayurveda-Zentrum. Thiruvananthapuram. Tel. 04 71-2 48 14 12, Website: www.ktdc.com/Samudra.htm
Ambadi Guest House* Am dörflichen Stadtrand in Poozhikunnu, 12 Zimmer, teils AC, gute Kerala-Küche. Thiruvananthapuram, Tel. 04 71-2 49 37 12, E-Mail: ambadigh@gmail.com

Sehen und erleben

Hauptsehenswürdigkeit von Thiruvananthapuram ist der 1733 im Dravida-Stil errichtete Sri-Padmanabhaswamy-Tempel, der Padmanabha, einer Inkarnation Vishnus, geweiht ist; das 1880 erbaute »Napier-Museum« zeigt Bronzefiguren, Schnitzwerk, Musikinstrumente und religiöse Objekte; Paläste (Kuthiramalika-Palast) und Parks, die Sri-Chitra-Kunstgalerie, *kathakali-* und *kalaripayattu-*Vorführungen; im 20 km von der Hauptstadt entfernten Küstenort Kovalam wartet allerlei Strandleben.

6

Ziele in der Umgebung

Padmanabhapuram-Königspalast (65 km südlich, in Tamil Nadu), Südkap Kanyakumari mit Tempeln und Vivekananda-Memorial (auf Felsinsel, Überfahrt mit Barkassen). Vivekananda war Philosoph und Erneuerer des Hinduismus (1863–1902).

Auskunft

Tourist Reception Centre (KTDC), Park View (gegenüber dem »Napier-Museum«), Tel. 04 71-2 32 11 32, Website: www.keralatourism.org
Tour India Holidays Ltd., 163, MG Road, Tel. 04 71-2 33 15 07, Website: www.tourindiakerala.com

1

2

3

Genial gestaltete Landschaft – Vivanta by Taj Green Cove Resort Kovalam

Keralas Hauptstadt ist nur rund 20 Kilometer entfernt. Die besondere Lage Kovalams – die Gäste können vom Hotel aus auf schneller neuer Straße in einer halben Stunde in Trivandrum sein, sich aber an einer der schönsten Kerala-Küsten mit »Taj«-Luxus verwöhnen lassen – hat sicher zu der Entscheidung für den Bau am Ortsrand von Kovalam beigetragen. Dazu passt die andere Entscheidung, in die Hanglandschaft des Kokospalmenwaldes mehrere Häuser und Cottages mit jeweils nur wenigen Zimmern und Suiten zu setzen. Erst 2004/2005 wurde das »Taj Green Cove« errichtet, das später in »Vivanta by Taj Green Cove Resort« umbenannt wurde. Wechselnde Ausblicke reichen über die hügelige Waldlandschaft und über das Meer hinaus – und beide, die Kokospalmen wie die Meereswellen, erstrecken sich bis an den Horizont.
Architektonisch dominiert Keralas Bautradition: Die Bruchsteinmauern, die mit Elefantengras gedeckten Giebeldächer, die farblich abgestimmten, hellen Kachelböden laden zum genussvollen Wohnen ein. Die größte Terrasse – auf der auch der großzügig bemessene, schön geformte Swimmingpool Platz hat – bietet den opulentesten Panoramablick. Eigens zu erwähnen ist die Auswahl an maritimen Köstlichkeiten und die originelle Darbietung des Weinkellers, nämlich in einem gekühlten und begehbaren gläsernen Weinschrankkubus mitten im Restaurant. Wie in Europas südlichen Ländern oft üblich, werden auch Rotweine hier kühler serviert.
Eine ganz besondere Einrichtung ist der Meditationsraum, der im »Green Cove« ein Innen und ein Außen hat, nur von einer hohen Glasscheibe getrennt – draußen stürzt ein klarer Wasserfall zwischen lauter Pflanzengrün in ein Teichbecken, drinnen strahlen Götterbilder und die Innenarchitektur Ruhe aus. Noch mehr, noch andere Spezialitäten: Das tropische Spa und das schwimmende Ayurveda-Zentrum auf der Lagune bieten Massagen und Ayurveda-Behandlungen, einen Schönheitssalon sowie einen Spa-Laden.
Nicht nur Bootsfahrten sind beliebt bei den Gästen, sondern auch die abendlichen Treffs auf der Landzunge zwischen Meer und Lagune, wo das Hotel eine schlichte Hütte aufgestellt hat. Dort werden Getränke sowie kleine Gerichte serviert, an manchem Abend gibt es Theater und Tanz.

5

6

4

1 Swimmingpool mit Bauminsel. **2** Inderin mit Bindi auf der Stirn – Schmuck und drittes Auge. **3** Vor der Rezeption eine wohltemperierte Lounge. **4** Begehbarer Weinschrank inmitten des Restaurants »Curries«. **5** Aus dem Meditationsraum, einem inspirierenden Bereich der Stille, geht der Blick auf einen Wasserfall. **6** Für Anfänger der Meditation bietet das Hotel auch geschulte Lehrer, die einem Einführungskurse geben.

Zeit für Vivanta by Taj Green Cove Resort Kovalam***

Keralas Hauptstadt Thiruvananthapuram ist schnell, der Flughafen noch schneller zu erreichen von dieser beispielhaft schön im Grünen und direkt über dem Strand erbauten Ferienanlage. Mit allem Komfort, Feinschmecker-Restaurants »Curries« (Kerala-Spezialitäten), »Jasmine Bay« (Multi-Cuisine), »Bait« (Seafood), Strandrestaurant »Chemmeen« und die Bar »Neera« mit ihren raffinierten exotischen Cocktails. Ayurveda-Zentrum, Spa und Swimmingpool. 59 mit Elefantengras gedeckte Cottages und Villen, entweder mit Garten- oder Meerblick, luxuriöse Präsidenten-Suite »Nirvana« mit Privatpool.

G.V. Raja Vattapara Road, Kovalam, Thiruvananthapuram
Tel. 04 71-6 61-30 00
E-Mail: greencove.kovalam@tajhotels.com
Website: www.tajhotels.com

1

2

3

4

Strände vom Feinsten

Am Chowara-Strand und auf der Poovar-Insel

So weltweit berühmt wie Keralas nördlich anschließender »Kovalam Beach« wird die Chowara-Küste nie werden. Doch für Liebhaber von Sand, Fels und Meer ist sie ein Sehnsuchtsort.

Erinnern wir uns einen Augenblick an die Sonnenschirme der italienischen Adria. In acht oder zehn Reihen gestaffelt und exakt ausgerichtet beschatten sie den Strand und die Tausendschaften der eng aneinandergedrängten Touristen – und wir atmen um so freudiger auf, wenn wir in heller Tageswirklichkeit in Kerala sind und auf die Chowara-Küste blicken. Still bis auf den Schlag der Brandungswellen, naturbelassen und oft noch menschenleer erstreckt sie sich, keine 20 Kilometer von der Hauptstadt Thiruvananthapuram entfernt.
Ein Wunder möchte man's nennen, dass so viel Ursprünglichkeit erhalten blieb, nah benachbart dem dicht bebauten und quirligen Badeort Kovalam. Von dessen Nachbarort, dem Fischerdorf Vizhinjam, reicht das ruhige Ufer rund zehn Kilometer weit südöstlich bis zum Fischerdorf Poovar und zur Poovar-Insel. Dort ist man nicht weit entfernt von der Südgrenze Keralas zum Bundesstaat Tamil Nadu.
Um es genau zu sagen: Bei Vizhinjam gibt es keinen breiten Strand, nur wenig Raum zwischen dem Hochufer und dem Meer. Steil führen die Waldstraßen hinab zur Küste. Das hohe Ufer lässt nur windgeschützte kleine Sandbuchten zu, die mit ihren Felswänden romantische Winkel darbieten. Eine dieser Buchten gehört zum »Thapovan Hotel« (siehe Seite 82), das ein Deutscher erbauen ließ und samt Garten und Ayurveda-Zentrum sehr angenehm ausgestattet hat. Schon früher hatte ein anderer Deutscher, Dr. Klaus Schleusener, auf einem Plateau und einem Hang über der nächsten Bucht das Hotel »Niraamaya Retreats Kovalam« geschaffen. Es besteht fast ganz aus authentischen Kerala-Häusern, die Bauherr Schleusener andernorts abbauen und über dem Chowara-Strand originalgetreu wieder errichten ließ. Weil das Gelände vor der Planierung rau war, wollte niemand außer ihm an das Gelingen glauben. Doch das Unternehmen glückte und »Surya Samudra« – das heißt so viel wie »Sonnenmeer« – zog und zieht viele Gäste an, auch seit es vor einigen Jahren von indischen Eignern übernommen wurde und inzwischen unter dem Namen »Niraamaya Retreats Kovalam« firmiert.

1 Mit den Wellen spielen! **2** Ins Netz gegangen: Fisch dominiert den Speiseplan in weiten Teilen Keralas. **3** Am breiten Strand von »Nikki's Nest«: christliches Gebet. **4** Landmarke am Kovalam-Strand: die eindrucksvolle Moschee mit ihren vier großen und kaum noch zählbaren kleineren Minaretten.

1

2

3

Nur einige 100 Meter weiter, gut auf einem Pfad über anderen schönen Buchten und dem meerumspülten Fels zu erreichen, erhebt sich über dem Wasser ein ummauerter Hindu-Tempel. Wegen seines Alters noch imposanter ist in Vizhinjam ein Felstempel, der aus dem 8. oder 9. Jahrhundert stammen soll, aus der Zeit der Pallava-Pandya-Herrscher. Zu finden ist er ein Stück landeinwärts bei der Abzweigung von der küstenparallelen Hauptstraße zum Meer.

Ob man süßes Nichtstun vorzieht, sportliche Aktivität oder philosophische Ruhe, Exkursionen nach Thiruvananthapuram oder in die Berge des Hinterlands, mit Ayurveda-Behandlungen etwas für seine Gesundheit oder seine Schönheit tun will –, der Chowara-Strand lässt die unterschiedlichen Wünsche wahr werden. So individuell sich die Anlagen der Hotels voneinander unterscheiden, gemeinsam ist fast allen der breite Strand und die Nachbarschaft der Fischer. Südlich vom Hindu-Tempel tritt das Hochufer zurück, gibt dem feinsandigen Saum der Küste noch mehr Raum, 50 Meter und mehr misst der Strand in der Breite. Zum Festland hin rahmt ihn eine immergrüne Wand von Palmwipfeln ein, die hinauf zur oberen Geländestufe wächst und den Häusern der Fischer und anderer Dorfbewohner ihren Schatten schenkt. Dazwischen haben sich seit den 1990er-Jahren die Resorts angesiedelt, in meist nur einstöckiger Bauweise und darum aus der Ferne unsichtbar. Traditioneller Kerala-Stil mit dunklem Holz, Giebeldächern und großzügigen Veranden fügt sich stimmig in die Landschaft. Treppen führen hinab zum Strand, bei Bedarf werden ein paar Liegestühle und Sonnenschirme aufgestellt. Einige Hotels stellen auch Strandwächter an, um Badeunfällen vorzubeugen.

Wo das Meer der große Nachbar ist und die Küste sich so unbebaut wie am Chowara-Strand erstreckt, verschwindet alle Erinnerung an Enge, atmet man tiefer und bewusster. Planetarisches Empfinden mit jedem Atemzug: Nahe dem Südkap der rund 3000 Kilometer langen Westküste Indiens zu stehen, vor sich die Arabische See, die westwärts wiederum rund 3000 Kilometer bis zum Horn von Afrika reicht, eine ozeanische Weite, aus der sich die vergleichsweise mikrobenhaft winzigen Koralleninseln und Atolle der Lakshadweep und der Malediven erheben. Einige Tausend Inseln und Inselchen sind es zwischen Nördlichem Wendekreis und Äquator, Seefahrerstationen schon in der Antike auf dem Weg vom Roten Meer zur Malabarküste. Über die Nutzung dieser maritimen Verbindung zwischen Indien und dem östlichen Mittelmeerraum sind in neuerer Zeit einige Erkenntnisse publik geworden. Nach Schriftfunden im 19. Jahrhundert – am spektakulärsten die »St. Thomas-

5

6

1 Rückblick auf die Hauptstadt Thiruvananthapuram: der *gopuram* des Padmanabhaswamy-Tempels. **2** Einbaum in der Lagune bei Poovar Island. **3** Der Charme des Chowara-Strands im nördlichen Bereich: von Felsen umrahmte Buchten mit Sandstrand. Aber Vorsicht beim Schwimmen! **4** Feiner Dreiklang aus: Meer, Strand und Kokospalmen. **5** Mühsam, aber notwendig – ein Fischer flickt sein Netz. **6** Auch in Kerala sind Schulausflüge sehr beliebt.

Akten« im Katharinenkloster in der Sinai-Wüste – waren es im 20. Jahrhundert die Archäologen, die Zeugnisse für einen mehr als 2000 Jahre alten Schiffsverkehr über die Arabische See vorweisen konnten. Der britische Reiseschriftsteller und Historiker William Dalrymple (»In Xanadu«, »City of Djinns«, »The Age of Kali«, »White Mughals«) hat diese Funde zitiert und kommentiert. Er erzählt von den Christen in Südindien, von den Gemeinden, die ihre Existenz vom Apostel Thomas herleiten. Der sei nach Jesu Kreuzigung als Missionar über die Arabische See gereist und habe wohl im Jahr 52 n. Chr. die Malabarküste erreicht. Oder zumindest sei nun sicher, dass er oder andere Missionare diese Reise gemacht haben könnten. Gerade zu Lebzeiten von St. Thomas', so bezeugen Dokumente, habe die Nutzung der Monsunwinde die Reise vom Roten Meer nach Indien auf 40 Tage verkürzt. Der Historiker und Geograf Strabo

1 Kreuzfahrtschiffe sind vor dieser Küste zum Glück noch eine Seltenheit. **2** Begegnung am Strand: Fischerjunge vor dem Boot seines Vaters. **3** Aus den Anfängen des Chowara-Tourismus: das sehr beliebte »Surya Samudra«. **4** Die Fischernetze müssen regelmäßig überprüft werden, will man nicht irgendwann leer ausgehen. **5** Zaungäste beim allmorgendlichen Einholen der Netze in Kovalam.

(63/64 v. Chr.–23 n. Chr.) sagte einmal, jährlich segelten etwa 200 römische Schiffe nach Indien. Münzfunde sprechen dafür, dass gerade im 1. Jahrhundert n. Chr., zur Zeit der Cäsaren Augustus und Nero, auf diesem Schifffahrtsweg am intensivsten Gewürzhandel betrieben wurde. Älter noch als die römischen scheinen die arabischen und jüdischen Handelsbeziehungen mit Indien gewesen zu sein. William Dalrymple, unermüdlicher Erforscher indischer Vergangenheit, stieß in Kerala auf einen katholischen Priester namens Jakob Vellian. Seit 1973 bemüht sich Vellian um das, was in der europäischen Romantik Philologen wie die Brüder Grimm taten: Er sammelt, was in mündlicher Überlieferung an alten Liedern und Balladen bei den letzten *ashans*, den Dorfbarden, noch Vers um Vers lebendig ist. Von der nächsten Generation werden diese christlichen Gesänge, ob kurze und sehr lange, kaum mehr gelernt (wie der »Gesang des Weges«, »Song of the Way«).

Der Chowara-Strand ist ein guter Ort, um über das Leben der Europäer und Palästinenser nachzudenken, die lange vor einem selbst an dieser Küste friedlich landeten. Damals – vor beinahe zwei Jahrtausenden – ging es um Gewürzhandel oder Seelenheil, heute kommen aus dem Westen viele hier mit der Hoffnung an, ihre körperliche Gesundheit und ihr vom Stress ramponiertes Nervensystem mithilfe von Ayurveda wiederherzustellen. Eben dies wünschen sich übrigens auch etliche der indischen Gäste aus den Megastädten ihres Landes, wo der Stresspegel gleichfalls weit über Normalhöhe pendelt. Die Chowara-Küste ist auch für solche Sehnsüchte ein geeigneter Platz, mit der Ruhe der Landschaft und den Ayurveda-Abteilungen, die von fast jedem Resort angeboten werden. Das »Somatheeram« (siehe Seite 78 f.) betont mit Stolz, die seine sei als Erste eröffnet worden. Die drei Resorts der Poovar-Insel, die sich lediglich wenige Kilometer weiter südlich befinden, haben ebenfalls solche Angebote.

Auf einem verträumten Wasserlauf reist man unter Baumwipfeln an, findet eine geschützte Bucht, eine lang gestreckte vorgelagerte Sandbank mit Ausfahrt zum Ozean, Gärten, Swimmingpools und am Abend Musik und manchmal das exotisch maskenbunte *kathakali*-Theater. Das ist der tiefste Süden Keralas.

Zeit für Chowara und Poovar

Anreise und Reisezeit

Flughafen Thiruvananthapuram. Prepaid Taxis. Thiruvananthapuram ist per Bahn mit allen Zentren verbunden. Zum Südkap Kanyakumari rund zwei Stunden (87 km), nach Varkala im Norden 45 Minuten (65 km). **Beste Reisezeit:** September bis Mai, ab Februar ist es oft heiß.

5

Unterkunft

Niraamaya Retreats Kovalam*/****** Luxusresort und Ayurveda-Spa mit 22 traditionellen Kerala-Häusern und Cottages, Meerblick, Telefon und Kühlschrank, Swimmingpool und zwei Stränden. Pulinkudi, Mullur P. O., Thiruvananthapuram, Tel. 04 71-2 26 73 33, Website: http://niraamaya.in/kovalam.html
The Travancore Heritage*/****** Um einen renovierten historischen Palast gruppieren sich 45 Villen auf einem rund 4000 qm großen Baum- und Grüngelände über dem Chowara-Strand. Auf Gäste warten Internet, Bibliothek und Swimmingpool, Zimmer mit Kühlschrank, Kaffeemaschine, Kabel-TV. Chowara P.O., Thiruvananthapuram, Tel. 04 71-2 26 28 28-32, Website: www.thetravancoreheritage.com

Sehen und erleben

Marine-Aquarium und Felstempel mit Skulpturen in Vizhinjam. Bootsfahrten mit den Fischern. Tempel, Paläste und Parks in Thiruvananthapuram (siehe Seite 59 f.), Busverbindung.

Ziele in der Umgebung

Südlich von Thapovan (ca. 45 km) der Padmanabhapuram-Tempel. Der Neyyar-Damm und Stausee mit Krokodilfarm, Löwen-Safaripark und Bootsausflügen. Das indische Südkap Kanyakumari mit seinen Tempeln und das dem hinduistischen Mönch und Gelehrten gewidmete Vivekananda Rock Memorial auf vorgelagerter Insel sowie die auf einem Felsen errichtete 40 m hohe Statue des tamilischen Dichters Tiruvalluvar.

Auskunft

KTDC (Kerala Tourism Development Corporation), Mascot Square, Thiruvananthapuram, Tel. 04 71-2 31 89 76, Website: www.ktdc.com. Auch am Flughafen Thiruvananthapuram gibt es einen Auskunftsschalter.

1

2

3

Bergstille und Vogelstimmen – Duke's Forest Lodge

Gut anderthalb Stunden fährt man von der Küste hinauf, je nachdem, mit wie viel Temperament und Vorsicht der Fahrer die Serpentinen nimmt. Durch Wälder geht es, an der Straße reihen sich Dorfhäuser. Was für weißliche oder ockergelbe Lappen hängen die Leute auf die Leine? Es ist das Material ihres Auskommens; wenn's gut läuft: ihres Wohlstands. Latex nennen es die Leute in Kerala oder *rubber*, auf Deutsch Gummi, das Material wird zu Kautschuk verarbeitet. Der Gummisaft tropft unter den Einschnitten an der Rinde in halbrunde Behälter. Jeden zweiten Tag sammeln die Arbeiter den Stoff ein, keine Schwerarbeit, aber selbst wenn sie bei jedem Baum minutenschnell getan ist und ein Arbeiter täglich etwa 300 Bäume »erntet«, braucht es bei einem Wald von 18 000 Bäumen etliche Arbeitskräfte. Der Wagen biegt auf eine Erdstraße ab, ein breites Tor wird aufgezogen, noch wenige Minuten Fahrt durch die Plantage, und man ist angekommen in »Duke's Forest Lodge«.

Ein Talgrund, wie geschaffen für eine solche Anlage aus einem stattlichen Haupt- und fünf frei in die Landschaft gesetzten Gebäuden für die Gäste, umrahmt von prächtigen Baumriesen, am Rande durchströmt vom klaren Wasser eines kleinen Flusses, dem Nebenlauf des Kallar River. Hier blieb noch immer Platz genug, um einen Swimmingpool anzulegen. Dieser schmiegt sich mit seiner Rundung harmonisch der Rasenfläche an. Mit einem offenen, auf vier Seiten umbauten Innenhof, Schatten spendenden Dächern und viel Schnitzwerk demonstriert das Haupthaus den traditionellen Kerala-Stil. Auf rund 1000 Metern über dem Meer ist übrigens das Klima auch in heißeren Monaten für Hitzeempfindliche deutlich erträglicher als am Meer.
Wer in »Nikki's Nest« eine Ayurveda-Behandlung begonnen hat, kann sie in »Duke's Forest Lodge« ohne Umstände fortsetzen. Für Wanderlustige, Vogelbeobachter und sogar für Bergsteiger gibt's viele Möglichkeiten, auch Führer zur Begleitung. Das »Peppara-Wildlife-Sanctuary« beginnt auf der anderen Seite des Flusslaufs am Resort und bietet die Chance, Makaken, Elefanten, Sambarhirsche und sogar Leoparden zu beobachten. Wer noch mehr Bewegung braucht, macht einen Spaziergang zur Hängebrücke über den Fluss, an dessen anderem Ufer Adivasis (Ureinwohner) wohnen.

5

1 Wunderschön angelegter Swimmingpool. 2 Im luftigen Innenhof des prächtig mit Schnitzwerk geschmückten Haupthauses. 3 Morgendliches Yoga-Training. 4 Etwas abseits: Duke's Ayurvedic Clinic. 5 Der Hausherr sammelt Antiquitäten für die Gästezimmer.

Zeit für Duke's Forest Lodge***

Ein Riverside Resort (Bailey's Resorts PVT. Ltd). In einem schönen Waldtal der Western Ghats gelegen und einer 135-Acre-Gummiplantage benachbart (Riverside Estate). Ungestörtes Naturerlebnis ist garantiert. Stilvoll möblierte, geräumige Villen um das Hauptgebäude im traditionellen Kerala-Stil, in einem Gelände mit Bananenpflanzen und reizvollem Kingsize-Swimmingpool. Das Hauptrestaurant tischt neben regionaler Küche auch internationale Gerichte auf. Vollpension zu akzeptablem Preis. Exkursionen ins Umland. Etwa 60 km von »Nikki's Nest« (gleiche Inhaber) und etwa ebenso weit von Thiruvananthapuram entfernt.

Anappara, Vithura, Nedumangado, Thiruvananthapuram
Tel. 04 72-2 85 92 73 oder 04 72-2 26 88 22
E-Mail: nest@sancharnet.in
Website: http://nikkisnest.com/dukesforest

1

2

3

Die Insel der schwimmenden Häuser – Poovar Island Resort

Vor dem hellen Strand und den grünen Wipfeln der Kokospalmen schwimmen Häuser, auf dem Wasser wohnen Gäste! Viele träumen davon, manche verwirklichen ihren Traum, irgendwo zwischen Amsterdams Grachten, Florida und Bangkok. Doch einen Platz so naturnah wie hier auf Poovar Island – den finden die wenigsten.
Ein kurzer Weg von der Bootslände, und schon sind die Gäste in der stattlichen Empfangshalle. Die ist in Kerala-Tradition aus Holz erbaut, mit hohem offenen Dachstuhl, Schnitzwerk und einladenden Sitzgruppen. Bei unserem jüngsten Besuch war das erweiterte Ayurveda-Zentrum des »Poovar Island Resort« noch im Bau, eine geräumige Anlage. Nach ausführlicher Anamnese zur individuellen Klärung der Vorgeschichte und einer Entgiftungsphase steht für das Ärzteteam meist die absolut notwendige Stärkung des Immunsystems im Vordergrund.
Behutsam hat man mit Grundstückszukäufen genügend Raum und Individualität für die Gäste in 60 Wohneinheiten gesichert. »Ayurveda Floating Cottages«, dem neuen Ayurveda-Spa benachbart, »Deluxe Floating Cottages« und »Land Cottages« bilden ein harmonisches Ganzes. Auch eine von exotischen Pflanzen eingerahmte Pool-Anlage und zwei Restaurants sind eingebettet in die Gartenlandschaft mit Wasserläufen, Bäumen und Pfaden. Ökologisches Bauen schließt außer der Verwendung von Qualitätsziegeln auch die Lehmbauweise ein: Denn Wände aus Lehm halten kühl. Sogar Kabelfernsehen gibt es. Viele Indien-Reisende werden aber bestätigen: Das Erleben dieses Landes, seiner Natur und Kultur ist täglich so beeindruckend, dass man die bunten TV-Programme oft schnell wieder abschaltet.
Umso mehr legt das »Poovar Island Resort« Wert auf ein vielseitiges Menü – indisch, fernöstlich und europäisch gemischt. Außer dem großen Hauptrestaurant »Tiffins« – angenehm gegliedert in einen klimatisierten Speisesaal und eine überdachte Terrasse – kann man ebenso das am Ufer vertäute (»floating«) Spezialitätenrestaurant »Fish Market« wählen. Möchte man im Meer baden, bringt einen das Hotelboot rasch zu dem breiten Sandstreifen, der die Lagune zur See abschließt. Strandwanderungen in aller Stille, Spaß beim Beach-Volleyball oder Besuch im Fischerdorf – auf der Insel lässt es sich leben!

1 In Tontöpfen wachsen die erforderlichen Heilpflanzen gut. **2** Blumen-Arrangement in einer Wasserschale. **3** Wie vertäute Hausboote: die »Floating Villas«. **4** So freundlich servierter Kaffee sollte schmecken. **5** Mit eingebauter Pool-Bar: der Swimmingpool gleich beim Restaurant. **6** Wo der Lehrer seine *asanas* (Übungen) so beherrscht, werden auch Touristen lernen.

Zeit für Poovar Island Resort***

Großes Inselgelände mit vorgelagerter Lagune und Strand, Gartenanlagen, Ayurveda-Zentrum; drei Restaurants (»Tiffins«, »Ayurveda Restaurant« und »Fish Market«), Swimmingpool mit Bar. 60 klimatisierte Cottage-Zimmer und 15 »Floating Villas« an der Lagune. Die Küche verwendet ausschließlich frische Zutaten der Region: Fisch und Meeresfrüchte, exotische Gewürze, tropische Früchte und Gemüse. 32 km südlich vom Flughafen Thiruvananthapuram, nächste Busstation, Boot-Service 2 km entfernt.

K.P. VII/911, Pozhiyoor, Thiruvananthapuram
Tel. 04 71-2 47 12 86
Website: www.poovarislandresort.com

In Deutschland: Kontakt über Agentur Aytour
Postfach 1827, D-82308 Starnberg
Tel. 0 81 51-99 87 99-0
E-Mail: info@aytour.de
Website: www.aytour.de

1

2

3

Inselwelt, wo alle Straßen enden – Estuary Island Resort

Thiruvananthapuram und sein Verkehrschaos, der Großstadtlärm und das Gedränge der Menschenmassen scheinen hier so weit entfernt wie eine andere Welt, obwohl man von der Hauptstadt bis hierher doch tatsächlich kaum eine Stunde mit dem Auto unterwegs war. Jetzt ist Gemächlichkeit angesagt, auch zur benachbarten Insel Poovar führt nur der Wasserweg.
Der dichte Mangroven-Dschungel lässt die Grenze zwischen Festland, Backwaters und dem Meer hier und da ins Unbestimmte verschwimmen. Fischer sind in flachen Booten unterwegs, andere haben Sand oder Gemüse geladen, auf einem schmalen Holzsteg balancieren die Männer ihre Lasten an Land. Eine Überraschung erwartet alle Erstbesucher, wenn sie nach rund 20 Minuten an der Flussmündung ankommen: Da stehen kleine Hütten, am Rande einer Lagune lugt weiß durch einen Palmengarten ein lang gestrecktes, zweistöckiges Gebäude mit einer breiten Vorhalle und Erkern mit rotem Ziegeldach hervor, wie man es hier draußen wohl eher nicht vermutet hätte. Voilà, dies ist das »Estuary Island«, ein im Jahr 2005 eröffnetes Resort.
Den Urlaubern ermöglicht die Anlage inmitten der Natur einen Aufenthalt mit Wohn- und Technikkomfort »wie zu Hause«. Hinter dem Hauptgebäude umschließen weitere Hotelflügel das Gartenareal. Die insgesamt 46 solide bis aufwendig eingerichteten Zimmer bedienen drei Kategorien: »Estuary Garden«, »Estuary View« (mit Meerblick) und »Estuary Suites«; die 28 »Deluxe«-Zimmer warten außerdem mit getrennten Bad- und Duschräumen und sichtgeschützten Balkons auf. Zum Abendessen werden an manchen Abenden auch die Tische direkt an der Lagune eingedeckt, und man genießt sein Essen bei Kerzenlicht, Sternenglanz und sanftem Wellenschlag.
Oder man lässt sich im hauseigenen Boot gratis zum »Poovar Beach« befördern. Wie in jedem Kerala-Resort, das etwas auf sich hält, bietet das »Estuary« auch professionelle Ayurveda-Behandlungen an, speziell zur Stärkung der Immunabwehr und zur Gewichtsreduzierung. Ein Fitness-Zentrum erhöht die Chancen für eine nachhaltige Verjüngung noch. Gäste, die ohne maximalen Aufwand in Ruhe die tropische Natur genießen wollen, mit dem Wasser gleich vor der Tür, können sich gut aufgehoben fühlen.

5

4

Zeit für Estuary Island Resort***

Nah dem Meer im Kokospalmenwald gelegen, mit Garten und Swimmingpool. Boots-Service zum »Poovar-Strand«. Ayurveda-Behandlungen. Auch Festbankette und Konferenzen (»Estuary Hall«), 71 komfortabel ausgestattete Zimmer in den Kategorien »Estuary Premium«, »Estuary View«, »The Cottage« und »The Estuary Garden«, mit Air-Condition, Satelliten-TV und Room Service. Restaurants »Spices« (Multi Cuisine) und »Ripples« (Fisch und Meeresfrüchte), Candle-Light-Dinner im Garten. Bootsausflüge und Angel-Exkursionen. 32 km südlich vom Flughafen Thiruvananthapuram entfernt.

Poovar P.O. Thiruvananthapuram
Tel. 04 71-2 22 92 22
E-Mail: sales@trhhotels.com, reservations@trhhotels.com
Website: www.estuaryisland.com, www.trhhotels.com

1 Anfahrt von Bushaltestelle und Parkplatz über den Wasserlauf. **2** Das Haupthaus, dem Meer zugewandt. **3** Zwischen den Hotelgebäuden und dem Meer samt Anlegestelle bleibt ein von Palmen überwachsener Rasen mit Swimmingpool frei. **4** Die Mitarbeiter des Resorts wissen genau, wo sie ansetzen müssen, um Beschwerden zu lindern. **5** Eine Suite im luftigen Obergeschoss.

1

2

3

Gesunden und heilen! – Somatheeram Ayurveda Resort

Kaum angekommen, bekamen wir schon den Wohlfühleffekt zu spüren. Monsunzeit war es, der Oktoberregen prasselte, wir sprangen aus dem Wagen, gleich lief uns jemand mit Schirmen für die paar Schritte zur Rezeption entgegen. Noch vor der Frage nach dem Pass wurde Tee serviert und die Sofaecke empfohlen, mit dem gut bestückten Bücherregal und Zeitungen, um den Regenschauer abzuwarten.

Eine Viertelstunde später glänzten Sonnenstrahlen, und wir inspizierten den kleinen Somatheeram-Dorfplatz mit Kunsthandwerkladen und Internetstation. Wenige Stufen tiefer am Hang tritt man in das Restaurant, freut sich an einer frischen Rose auf dem Tisch, an der Multi-Cuisine-Speisekarte. Elefantengras deckt die vorspringenden Hausdächer, die den Veranden Schatten spenden.

Als eine ideale Mischung von Strandurlaub, Ayurveda und Yoga wird das »Somatheeram« gelobt. Die Meditationskurse nicht zu vergessen! Gegründet 1992, war »Somatheeram« das erste Kerala-Resort, in dem die Verbindung von Tropenurlaub und altindischer Heilkunst so konsequent verwirklicht wurde. Die Stärkung des Immunsystems oder der Wiedergewinn von Beweglichkeit und straffen Formen, insgesamt die ganzheitliche Behandlung hat einen nicht gerade geringen Preis, doch viele Gäste buchen einen zweiten, einen dritten Aufenthalt, die therapeutischen Packages sind es ihnen wert. Vor jedem Behandlungskonzept steht eine ärztliche Untersuchung und Beratung, die oft von dem Senior-Arzt des »Somatheeram«, Dr. Raman, selbst vorgenommen wird.

An ihren pastellgrünen Gewändern erkennt man die Gäste, die gerade eine Ayurveda-Behandlung genossen haben oder unterwegs zur nächsten sind. Andere suchen sich nur urlaubshalber ein Quartier unter den verschiedenen Kerala-Haustypen aus, bis hin zur »Palast-Suite« im »Siddharta«-Haus.

Indische, vor allem Kerala-Kultur wird im »Somatheeram« in einem reichen Fächer den Gästen nähergebracht: besonders *kathakali* und auch *mohiniyattam*, ein typischer Kerala-Tanz, der im Kunstzentrum Kalamandalam bei Thrissur neu belebt wurde. Außerdem klassische Musik, mit Flöten, Trommeln und Streichinstrumenten dargeboten. Und ebenso *kalaripayattu*, die indische Kampfkunst, die heute artistisch vorgeführt wird.

5

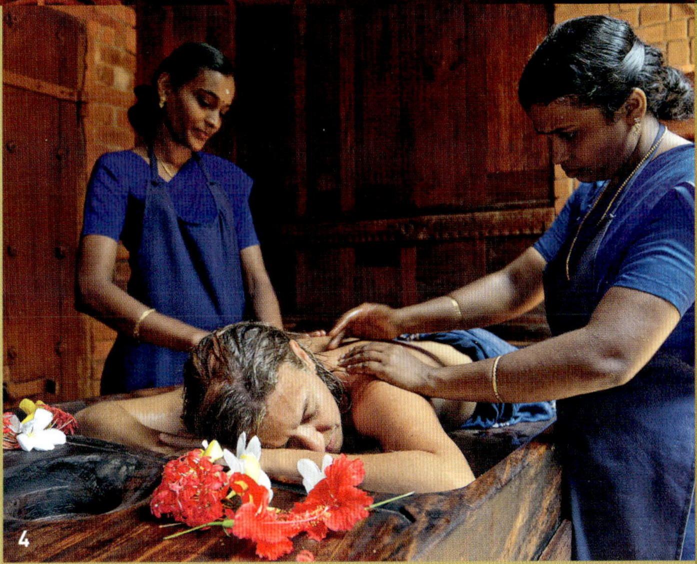

4

Zeit für Somatheeram Ayurveda Resort**/****

Hangareal mit Bäumen und Büschen über breitem Strand, abseits vom Straßenverkehr, mit Kerala-typischen Gastzimmern und Wohnungen in traditioneller Architektur. Multi-Cuisine-Restaurant, Swimmingpool, Läden, Internet, mehrere ausgebildete Ayurveda-Ärzte, Strandservice mit Rettungsschwimmer, Backwaters-Fahrten auf dem resorteigenen Hausboot, Transfer vom und zum Flughafen. 21 km von Thiruvananthapuram entfernt.

Chowara P.O., Thiruvananthapuram
Tel. 04 71-2 26 81 01
E-Mail: somatheeram@vsnl.com
Website: www.somatheeram.in

Buchung über Ayur Tours & Promotions:
Gartzenweg 2
D-40789 Monheim am Rhein
Tel. 00 49-(0)21 73-95 76-11
E-Mail: europe@somatheeram.org, mail@soomatheram.in
Website: www.ayurtours.de

1 Nobel auf gepflegtem Rasen: ein Heritage-Haus mit Innenhof. **2** Der Blick aufs Meer über die Palmenhügel hinweg wirkt wie gemalt. **3** Romantische Illumination des Innenhofs. **4** Die Abhyanga-Massage hilft etwa bei Ruhelosigkeit und Verdauungsstörungen. **5** So stattlich in Kerala gebaut, schon vor Jahrhunderten: Tür und Portalrahmen.

1

2

3

Meeresweite und Orchideenwunder – Nikki's Nest

Wie sie leuchten unter der Kerala-Sonne: die farbenprächtigen Orchideen. Bei jedem Besuch in »Nikki's Nest« bestaunen wir aufs Neue die Blütenschönheit. Wie anderswo Blumentöpfe hängen hier erdgefüllte Kokosnusshälften an den Bäumen des Gartens. Der zieht sich von der Hügelhöhe bis zur Strandtreppe hinab, umschließt und umschmeichelt die Rundpavillons und die rechteckigen Kerala-Häuser.

Und außer dem großen Swimmingpool droben kann man das grenzenlose Meer weiter unten in wenigen Minuten erreichen. Mit Palmblättern gedeckt, nach allen Seiten offen, steht das Restaurant von »Nikki's Nest« in luftiger Höhe. Ein wunderbarer Platz, dreimal am Tag die vorzügliche Küche zu genießen. Der Blick auf Meer und Strand reicht dabei kilometerweit nach Süden, zu Indiens Südkap hin, das rund 100 Kilometer entfernt liegt. Längs der Küste sind reiches Baumgrün, breite Sandstrände und Wellen bis zum Horizont auszumachen.

Geübte Schwimmer können lange Zeit hinter der Brandung im ruhigeren Wasser schwimmen. Erkundigen sollte man sich dennoch vorher: Denn es gibt Strömungen, die einen zu weit hinaustragen könnten.

Zwischen der Brandungslinie und dem Areal von »Nikki's Nest« liegen mächtige, teils glatt polierte Uferfelsen aus rötlichem Gestein. Wer mag, hält Ausschau oder Siesta, sonnt sich, träumt. Auf einem der Felsen steht ein kleines christliches Heiligtum, und immer wieder kommen Dörfler oder indische Touristen zu einer Andacht. Ein größerer, bunt geschmückter Hindu-Tempel in einer Ummauerung steht auf dem Hochufer nahe dem Einfahrtstor zu »Nikki's Nest«. In den Palmenwald jenseits der Straße hinein ist eine Reihe neuerer geräumiger Nikki's Nest-Häuser gebaut, schön dekoriert und mit Veranden ausgestattet. Noch zwei Vorzüge kommen hinzu: erstens das Ayurveda-Zentrum mit seinen Behandlungen zur Verjüngung und Reinigung. Körper, Seele und Geist werden als Einheit verstanden und gepflegt. Zweitens ein Schwester-Resort in den Bergen, die »Duke's Forest Lodge« (siehe Seite 72). Der Vorzug: Beide ergänzen sich gegenseitig. Wer in diesen beiden Hotels Urlaub macht, erfährt intensiv die Meeresküste und das Gebirge, die zwei ursprünglichen Landschaften des »Göttergartens« Kerala.

5

6

4

1 Die zahlreichen Pflanzen auf der Anlage benötigen hingebungsvolle Pflege. 2 Perfektes Klima – im Garten der Götter gedeihen nicht nur Orchideen. 3 Auch diese Bungalows sind nahe am Meer, ähnlich wie die älteren Rundbauten. 4 Obst frisch von der Plantage macht das Frühstück zum Fest. 5 Gegen die sengende Sonne hilft paradoxerweise ein Regenschirm. 6 Fabelwesen im Relief.

Zeit für Nikki's Nest***

Traditionelle Kerala-Architektur und Rundbungalows in einer Gartenlandschaft mit Orchideen am Hang über dem langen und breiten Strand, seit 2005 gibt es weitere ufernahe Cottages im Waldstreifen über der Küste. Luftiges Restaurant mit exzellentem Ausblick und ebensolcher Küche (Auswahl der Speisen gemäß seiner *doshas* möglich). Ayurveda-Abteilung, Yoga, Swimmingpool, Internet, Exkursionen. Kleiner Laden. Kleiner hinduistischer Shiva-Tempel auf dem Gelände. Grandioser Blick über den kilometerlangen Sandstrand. Freundliches und hilfsbereites Personal. Ausgezeichnet mit dem »Green Leaf«-Award.

Azhimala Shiva Temple Road, Pulinkudi, Chowara P.O., Thiruvananthapuram
Tel. 04 71-2 26 78 22 oder 04 71-2 26 88 22
E-Mail: nest@sancharenet.in
Website: www.nikkisnest.info

1

2

3

Sich wie zu Hause fühlen – Thapovan Heritage Home

Wo der Wirt Deutsch spricht, fühlt man sich in der Ferne gleich gut aufgehoben. Einen Hauch von Heimat gewinnt das geräumige Garten- und Palmenwaldareal des »Thapovan« hinzu. Bei Andreas Heitmann, dem Indien-kundigen Deutschen aus Kiel, fühlen sich freilich auch Gäste aus anderen Ländern rundum wohl. Schon ein paar Stunden nach der Ankunft im »Thapovan« entspannt sich der Gast: Alles ist stimmig, bis ins kleinste Detail.

Andreas Heitmann ist viel und weit gereist, er liebt Indien seit Langem. Fast alle Bundesstaaten hat er erkundet, mit dem Rucksack und der Eisenbahn. Seit er gegen Ende des 20. Jahrhunderts das wunderschöne Gelände über dem Arabischen Meer erwerben konnte, ist es eine Indien-Liebe auf eigenem Grund und Boden. Grandios ist der Ausblick über Meer und Küste vom oberen Gartenareal aus. Wer lieber ganz nah am Meer wohnt, kommt über wenige Stufen den Hang hinab zur von Felsen gerahmten, breiten Bucht, die abseits vom dörflichen Verkehr völlig ungestört liegt. Wenn nicht gerade lautstark eine indische Hochzeit gefeiert wird, ist das Resort auch ein Platz für »Honeymooner«: ungestört in schöner indischer Landschaft mit vielen Erlebnismöglichkeiten.

»Ich bin Teil des Dorfes«, sagt Andreas Heitmann und fügt hinzu: »Ich biedere mich aber nicht an.« Wer als Gast in Indien noch neu ist und bei aller Lust an Sonne und Meer neugierig auf das Land ist – der ist bei Andreas Heitmann an der richtigen Adresse. Zweierlei kommt nämlich noch hinzu, was das »Thapovan« besonders auszeichnet. Das eine ist Heitmanns Angebot, den Gästen auf spannenden Exkursionen ins Umland die Feste, die Kultur und das tägliche Leben Südindiens zu zeigen und nahezubringen. Dazu gehören beispielsweise auch die Auftritte von Tänzern und Musikern im »Thapovan«.

So schätzenswert dieses Angebot ist, für manche Besucher kann das andere noch wichtiger werden: das Ayurveda-Zentrum mit mehreren Behandlungsräumen unter Palmenwipfeln oberhalb vom Meeresstrand. Vor allem geht es um Vorsorge, um langfristige Erhaltung der Gesundheit, um Prävention, Regeneration und Verjüngung. Insgesamt gilt: Für eine Behandlung, die ihre Wirkung noch die nächsten Monate oder länger zeigen soll, sollte man sich im »Thapovan« wenigstens zwei Wochen Zeit nehmen.

5

4

1 Gästepaar im Gartenreich von Andreas Heitmann. 2 Lila, lila, lila: eine Lotosblüte. 3 Aufenthalt mit Weitblick: die Reihe der Terrassensessel vor den Zimmern im oberen Areal. 4 Ein Blick für das Kunsthandwerk. 5 Gern genutzt: das Ayurveda-Zentrum unten nahe der Küste, hier ein Stirnguss mit Milch.

Zeit für Thapovan Heritage Home**

Die Gründung des »Thapovan« gelang gerade noch zur günstigen Stunde, bevor um Keralas Hauptstadt praktisch kein Bauland an der Küste der Arabischen See mehr zu haben war. Idyllisch gelegen am und über dem Meer, mit ungestörter Strandbucht und traditioneller Architektur in prächtigen Gärten. Nur 32 Zimmer. Exkursionen (auch in die Backwaters), Veranstaltungen, Internetanschluss, Autovermietung. Die Küche verwöhnt die Gäste mit typischen Kerala-Gerichten. Das Ayurveda-Zentrum besitzt das »Green Leaf«-Zertifikat des Tourismusamtes. 18 km südlich der Hauptstadt Thiruvananthapuram, etwa 30 Minuten vom Flughafen entfernt.

Nellikunnu, Mulloor P.O.,Thiruvananthapuram
Tel. 04 71-2 48 04 53 oder 04 71-2 48 24 30
E-Mail: thapovan@gmail.com
Website: www.thapovan.com

1

2

3

4

Das Fest der goldenen Elefanten

Rund um Thrissur, Stadt der Könige und Künstler

Um Thrissur, nördlich von Kochi, blühen Keralas Feste und Künste: Musik, Theater und *kalaripayattu*, die indische Kampf-Artistik, vielleicht älter als Kung-Fu.

Ein Sonntag war es und ein besonderer dazu. Indien ist ein Land der starken Farben, doch derart glanzvoll war uns zuvor auf dieser Reise noch kein Tag geraten. Von seinem ländlichen Familiensitz Kalappura fuhr unser Gastgeber mit uns in Richtung Thrissur, zum Pooram-Fest, dem Erntedankfest. Von Wald umrandet fanden wir einen dörflichen Festplatz, groß wie zwei Fußballfelder und dicht wie zu einem Länderspiel das Volksgedränge. Über den zahllosen tiefschwarzhaarigen Köpfen der Hindus strahlt im Sonnenlicht die Reihe der Goldschilde, der goldene Stirnschmuck der Elefanten. Deren Zahl am leicht erhöhten Platzrand wächst noch immer, neue Elefanten mit prächtigen Stoßzähnen kommen hinzu, die *mahout*, ihre Führer, hoch im hölzernen Sattel, dem howda, und jeder *mahout* unter einem großen bunten Schirm an langer Stange.
Mächtig und ununterbrochen tönt Hörnergellen und Trommeln über das Gelände. Kann man noch näher an die festlich geschmückten grauen Riesen herankommen? Über eine dornenumrankte Treppe versucht man es, rutscht fast einen Hügel hinab in ein Schlammloch, sieht von einem überwachsenen Gebäude aus nun doch noch imposanter die Reihe von mehr als 50 Fest-Elefanten, auch die bunten Gewänder der vielen Frauen und Kinder. Die halten sich vorsichtshalber abseits am Rande des Feldes.
Immer wieder bilden junge und nicht mehr ganz junge Männer Ketten, jeder seine Hände auf den Schultern des nächsten, und bahnen sich ihren Weg durch die Menge. Direkt neben den schweren Füßen ihrer Elefanten, halb unter ihren Leibern ruhen sich etliche Elefantenführer aus. *Mahouts* und Elefanten sind miteinander besser vertraut als manches Ehepaar.
Vor dem Höhepunkt und Abschluss des Festprogramms zieht die Elefantenreihe in großer Prozession wieder ab. Kaum sind die rund 50 Elefanten vom Platz, knallen die ersten Explosionen des Feuerwerks. Das ist extrem laut und kommt ohne kunstvolle Figuren aus: Schwarze, fast fußballgroße Kugeln werden in den Abendhimmel geschossen und zerknallen. Der Boden scheint tatsächlich zu

1 Erfrischung vom Meister für die *kalaripayattu*-Schüler. **2** Unterwegs zum Pooram-Erntefest, dämonenhaft geschmückt. **3** Volle Konzentration gefordert: beim Kampf mit Stöcken. **4** Spät am Abend vor der Tempelprozession: prächtige Versammlung der Elefanten! Den besten Blick hat man vom Balkon des Tempels aus (auch für Nicht-Hindus).

1

2

3

beben. Aber dem Publikum gefällt's, die Rauchschwaden stören anscheinend niemanden. In den Armen der Mütter sahen wir manches Kindchen friedlich schlafen.

Thrissur, alte Königsstadt, war vom 16. bis zum 18. Jahrhundert den Herrschern von Kochi unterworfen. Kurze Zeit auch Sultan Haider Ali und seinem Sohn Tipu Sultan, muslimischen Herrschern, die von ihrer Flussinsel Srirangapatnam aus (bei Mysore, nördlich von Kerala) den britischen Eroberern jahrzehntelang energisch und erfolgreich Widerstand leisteten. Erst nach Tipus Ende übernahm in Thrissur wieder ein Hindu-Herrscher, Raja Rama Varma, die Regierung.

Thrissurs Pooram-Fest wurde jüngst schon zum schönsten Fest der Welt hochgelobt. Die Prozessionen führen zu mehreren Tempeln – und wieder zeigt sich eine nicht selbstverständliche Toleranz: Anhänger aller Religionen, auch aller Kasten nehmen daran teil. In Thrissur findet man mehrere christliche Kirchen. Guruvayur ist Pilgerzentrum, drei Kilometer vom Tempel entfernt sind in einem Gebäude, das schon bessere Zeiten gesehen hat, einem ehemaligen Palast, Dutzende von Elefanten untergebracht. Man kann auf dem Baumgelände umhergehen, auf dem sich die Elefanten aufhalten, die an einer langen Fußkette festgehalten werden. Vielleicht kommt man gerade zur rechten Zeit, um dabei zuzusehen, wie die Dick-

4

1 Auch hölzerne Kuhköpfe gehören zum Ritual. **2** Indische Ordnungskräfte machen am Tempel Pause. **3** Wohl sehr alt ist die Gewohnheit, bunte Holzpferde zum Festplatz zu bringen – statt lebendiger Elefanten. **4** Festgäste draußen in der Landschaft: Auch die Artisten eines kleinen Wanderzirkus sind dabei. **5** Bei der Werkstatt des Elefantenschmuckherstellers: Die neuen Kopfschilde werden vor dem Verpacken vorgeführt. **6** Elefant beim Spaziergang im »Parambikulam«-Park.

häuter gebadet oder gefüttert werden. Über 60 Elefanten, manchmal 70, haben im »Guruvayur Kesavan« ihre Wohnung – wohl mehr als man irgendwo sonst sieht.

Kalamandalam und kalaripayattu: Schläfrig lagen die Bauten von Kalamandalam in ihrem schon um neun Uhr morgens sonnenheißen Parkgelände. Wir waren zu früh oder zu spät von Thrissur nach Cheruthurutty gekommen – denn viel früher am Tage beginnen die Tanzübungen der Schüler an dieser seit 1930 aktiven Schule für künftige Schauspieler und Musiker. Kalamandalam: ein Name voller Wohlklang und ein Kunstzentrum, das eine wichtige Rolle bei der Wiederbelebung des kathakali und anderer Tanzüberlieferungen spielte, und damit also auch für Musik und Theater Südindiens (siehe Seite 88: Thullal). Etliche der Gebäude mit den breiten Giebeln im klassischen Kerala-Stil haben luftige Hallen für die Vorführungen.

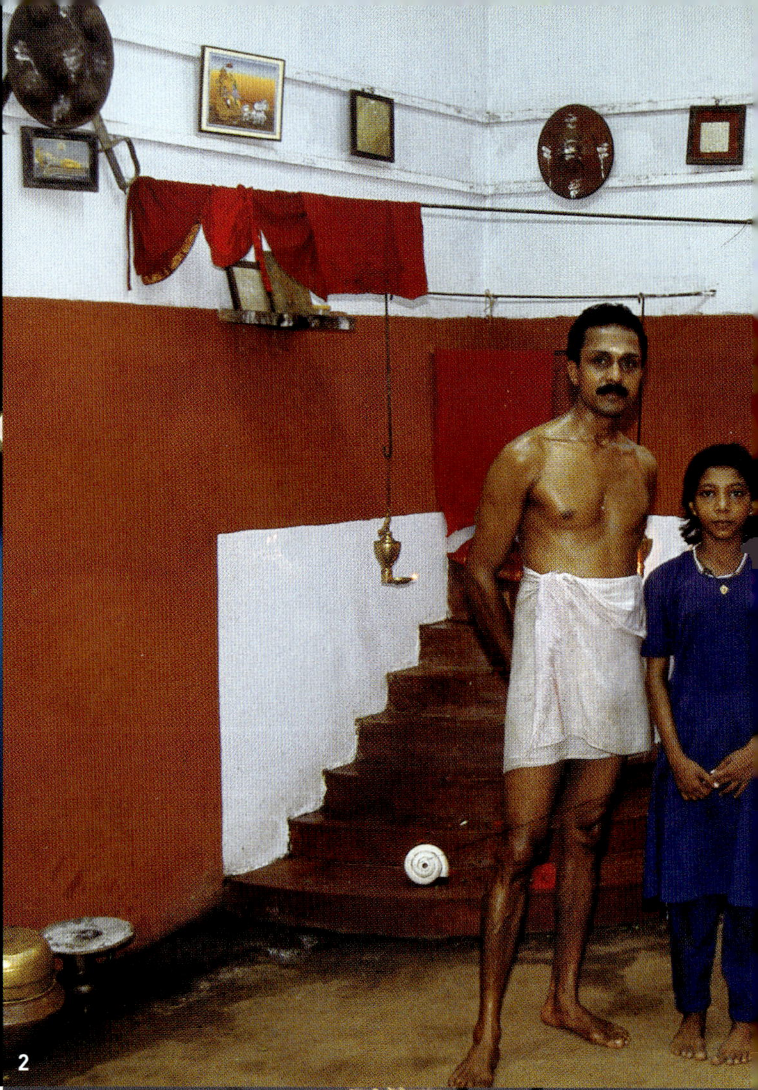

1 Ein Thullal-Spieler: mit vollem Kopfschmuck. **2** Lehrer aus Tradition – drei Generationen im Übungsraum einer *kalaripayattu*-Schule. **3** Feuerraddemonstration im »ENS kalari« bei Kochi. **4** Nicht weit von Thrissur am langen Sandstrand: Ayurveda-Resort »Kadappuram«, an einem Flusslauf gelegen.

Zugang zur klassischen indischen Kultur finden auch Nicht-Inder über die Kampfkunst *kalaripayattu*. Anders als bei anderen Kampfkünsten (»Martial Arts«) gehörten zur klassischen *kalaripayattu*-Ausbildung auch Wissenschaft, Kunst, Sprachen und Medizin. An der Südwestecke des *kalari*, des Übungsfelds, gab es einen Altar für einen Gott, seitlich hatte der Shiva-Sohn Ganapathy (= Ganesh) seinen Platz, als der Überwinder von Hindernissen. Eine starke Lehrer-Schüler-Bindung ist der *kalaripayattu*-Ausbildung bis heute noch eigen, eine Respektbeziehung zum Lehrer, ähnlich wie im Religiösen zu einem Guru. Das schließt nicht aus, dass gut ausgebildete *kalaripayattu*-Kämpfer Karriere im Film- und Showgeschäft machen. Thrissur lässt sich gern Keralas »Kulturhauptstadt« nennen, hat Akademien für Kunst und Literatur. Darüber soll nicht vergessen werden: Der Distrikt Thrissur ist auch reich an landschaftlicher Schönheit, an Flüssen, Wasserfällen und Stränden.

Von der Stadt Thrissur aus ist im Nachbarbundesstaat Palakkad das »Parambikulam Wildlife Sanctuary« zu finden, in Luftlinie rund 70 Kilometer östlich von Thrissur – weit entfernt von größeren Städten. Der Führer wird seinen Gästen auf Wunsch auch den Kannimara Teak zeigen, mit einem Stammumfang von 6,57 Metern und einer Wipfelhöhe von 48,5 Metern einer der größten Bäume hier und einer der ältesten weltweit, nämlich geschätzte 360 Jahre. Geduldige Liebhaber des *birding*, der Vogelbeobachtung, haben gute Chancen, Vögel von unglaublicher farbiger Schönheit zu Gesicht und vor das Teleobjektiv zu bekommen (268 Arten wurden bereits gezählt!). Auf den mithilfe von Dämmen gestauten Seen werden auch Schiffsrundfahrten veranstaltet, oder man mietet sich ein Ruderboot (in Thunakadavu) und wird vielleicht Krokodilen begegnen. Abends um 18 Uhr werden die Straßen im Park mit Ketten gesperrt, für die Übernachtung im Park bietet die Forstverwaltung schlichte Herbergen an.
Auch Trekking in den bis zu 1600 Meter ansteigenden Bergen ist möglich, und zwar mit den kundigsten Führern, den heimischen »Tribals«. Vier ihrer Gemeinschaften, die Kadar, Muduvar, Malasar und Malamasar stellen die Führer, bei Gruppen bis zu fünf Personen einen, bei größeren zwei, gegen bescheidene Entlohnung.

Zeit für Thrissur

Anreise und Reisezeit

Flughafen Kochi, prepaid Taxi (etwa 30 km). Per Bahn ist Thrissur mit allen Zentren verbunden, Fahrdauer nach Ernakulam/Kochi etwa zwei Stunden. Drei Bus-Stands, bei der Auskunft (siehe unten) erfragen!
Beste Reisezeit: September bis Mai, ab März sehr heiß, in unseren Sommermonaten Monsun-Regen.

Unterkunft

4

Kadappuram** Schönes, ruhiges Resort an der noch ursprünglichen, von Kokospalmen gesäumten Nattika Beach südlich von Thrissur (Sonnenschirme und Strandbar). Fünf umweltfreundlich im traditionellen Stil erbaute Cottages mit je zwei Zimmern, große Doppelbetten. Qualifizierte Ayurveda-Abteilung. Preisgünstige Vollpension. Nattika Beach, Thrissur, Kerala, Tel. 04 87-2 39 49 88, Website: www.kadappuram beachresorts.com
Lucia Palace* Im Stadtzentrum, mit guter Einrichtung, teils AC, auch im Restaurant und in der Bar. Man kann im Garten speisen. Marar Road, Thrissur, Tel. 04 87-2 42 47 31.
Parambikulam Sanctuary PWD Inspection* Bungalow in Thunnakadavu, 5 Zimmer mit Bad, Tel. 0 42 53-27 72 23.

Sehen und erleben

Vadakkunathan-Kshetram-Tempel im Zentrum Thrissurs (Inneres nur für Hindus). Archäologisches Museum. Valla-Bhatta *kalaripayattu*-Schule (Training morgens von 6 bis 10 Uhr). Jährlich im April/Mai großes Pooram-Fest mit allen Tempeln.

Ziele in der Umgebung

Pilgerziel Guruvayur (33 km nordwestlich), mit vielen Hochzeitsfeiern. Benachbart das »Punathor Kota Elephant Sanctuary«. »Kerala Kalamandalam« in Cheruthuruthy (32 km nordöstlich, Website: www.kalamandalam.com) mit Tanzvorführungen. »Parambikulam Wildlife Sanctuary«, mit reicher Flora und Fauna, rund 100 km südöstlich.

Auskunft

DTPC-Tourist Information in Thrissur an der Palace Road gegenüber der Town Hall, Tel. 04 87-2 32 08 00,
Website: www.trichur.com. Forest Information Centre, Parambikulam Wildlife Sanctuary, Annapai HQ, Thunnakadavu Post, Palakkad District, Tel. 0 42 53-24 45 00.

1

2

3

4

Im Wald der tausend Arten

Der Silent Valley National Park

Ein schönes Tal, ein glasheller Fluss, hunderterlei Pflanzen und Schmetterlinge, die man sonst nicht findet, Elefanten und Bären – dieses Naturjuwel darf man sich Mühe kosten lassen.

Die Menschen in Kerala lieben diesen Park – und das auch, wenn sie noch nie gesehen haben, wie schön seine dicht bewaldeten Bergflanken, wie kristallklar seine Flüsse sind, was für exotische Schmetterlinge den Besucher umflattern und welch prächtige Orchideen ihn umblühen. Kaum jemand scheint genau zu wissen, wo das »Silent Valley« zu finden ist, weil es nicht auf jeder Karte eingetragen ist. Die Straße, auf der man dorthin käme, ist für den öffentlichen Verkehr nicht freigegeben. So wird vom Silent Valley National Park gesprochen wie von einem Schatz, der ebenso gut bewacht wie gut verborgen ist.
Dabei beschloss vor rund 30 Jahren Keralas staatliche Elektrizitätsbehörde den Bau eines Staudamms. Und dies, obwohl schon fast 100 Jahre zuvor, 1888, die Region als Waldreservat unter den Schutz des Forstgesetzes gestellt worden war. Das Staudamm-Projekt wurde vorangetrieben. Doch der Widerstand erwies sich als so heftig und über Jahre hinweg hartnäckig, dass die Staudammplaner am Ende nachgeben mussten. Seitdem wurde »Silent Valley« auch ein Symbol für den erfolgreichen Schutz der Natur gegen eine industrielle Ausbeutung. 1986 wurde der Park als Kernzone des Nilgiri-Biosphärenreservats anerkannt.
Mit guten Gründen. So waldreich Südindien ist, gibt es kaum andere ähnlich große Gebiete, die noch ganz im Naturzustand geblieben sind. Mit seinem einheimischen Namen heißt das »Silent Valley« sairand-hrivanam, wörtlich »Der Wald im Tal«. Naturkundler haben im 89 Quadratkilometer großen Parkgelände rund 1000 Pflanzenarten gezählt. Der Talgrund befindet sich zwar lediglich etwa 660 Meter über dem Meeresspiegel, die Berghöhen aber fast 2400 Meter.
Auch für indische Verhältnisse ist das im Vergleich zu anderen Nationalparks ja nur kleine Gebiet extrem reich an Schmetterlingsarten, an Vögeln – unter den 120 Arten zum Beispiel der Great Indian Hornbill, der Nilgiri Laughing Thrush, der Indian Black-crested Baza –, an Reptilien, Echsen und Säugetieren. Deren Artenvielfalt

1 Ein Schlangenadler – eine von rund 120 Vogelarten im Nationalpark. **2** Mit Glück gibt es auch solche Begegnungen. **3** Ein Frosch, der eifrig Termiten verschlingt. **4** Subtropischer Regenwald unter Wolkenschleiern – so unverfälscht gibt es derart großartige Biotope auch in Indien nicht mehr häufig.

1 Schäumender Fluss in einer Landschaft, die nicht leicht zu erreichen ist und darum zivilisatorisch kaum verändert wurde. 2 Der Kunthi-Fluss sollte in einem Stausee verschwinden. 3 Bis zu 2000 Meter hoch umrahmen Berge den Silent Valley-Nationalpark. 4 Extrem reich an Schmetterlingsarten ist das Silent Valley außerdem.

reicht vom Faultier und Lemuren bis zu Leoparden, Bären und Elefanten. Mit ihren starken dunklen Schwänzen springen die Makaken-Affen (*Lion-tailed Macaques*) von Wipfel zu Wipfel. Paradiese sind mitunter nicht leicht zu betreten.

Was wir im umfänglichen Outlook-Führer *Kerala*, damals gerade erstmals erschienen, über die Anreise lasen, wirkte zumindest ungewöhnlich: Besucher könnten nur bis Mukkali fahren und dann 23 Kilometer hinauf zum Eingang des Nationalparks gehen. Oder kam man doch mit einem Jeep der Parkverwaltung ans Ziel? Da der Park nur von 8 bis 17 Uhr öffnet, macht alles andere wenig Sinn. Also tags zuvor ein Zimmer im »Rest House« reservieren, zeitiger Aufbruch von der Küste nach Mukkali. Der Fahrer nimmt bravourös die Serpentinen durchs Waldgebirge. Ankunft in Mukkali um 15 Uhr, das Büro des »Wildlife Warden« findet sich, er selbst ist unterwegs. Von einer Buchung wissen seine beiden überaus einsilbigen Mit-

arbeiter nichts, nein, alle Zimmer seien belegt. Sie raten gähnend zur Rückfahrt, alle Haarnadelkurven wieder hinunter und am nächsten Morgen noch einmal hinauf. Doch, welch Wunder: Insistieren lohnt sich, ein Anruf erreicht den Chef.

Plötzlich dürfen wir ein Zimmer im eher leeren »Rest House« mieten. Und am nächsten Morgen einen Jeep samt Führer. Der Hauswart tat, was er nicht zu tun brauchte – er sorgte freundlich für einen frugalen Imbiss. Es wurde dann doch ein starkes Naturerlebnis, mit Abstieg in die Schlucht des Kunthi-Flusses. Der Führer, Mr. Ussanar, zeigte uns im Dschungel die Lieblingspfade der Elefanten, führte uns über die Felsen im Fluss und über die Hängebrücke. Rund 80 Kilometer lang sollen die Pfade im »Silent Valley« sein.

Oben, beim Aussichtsturm mit seinen 123 Stufen, stehen einige Häuser, Hinterlassenschaften der abgezogenen Planer des Stausees. In ihrem Werk wäre der Fluss mitsamt dem von Tier- und Pflanzenleben überbordenden Wald ertrunken. Dass es dazu nicht kam, freut an diesem Morgen auch eine muntere Gruppe indischer Biologie-Studenten und -Studentinnen, vielleicht die zukünftigen Schützer der indischen Artenvielfalt. »One of the important victories in the history of conservation in India«, triumphiert ein »Silent-Valley«-Plakat.

Zeit für

Silent Valley National Park

Anreise und Reisezeit

Der Nordosten des Distrikts Palakkad ist am besten über Mannarkkad zu erreichen, ob von der Küste, von Malappuram im Norden oder von der Distrikthauptstadt Palakkad. Anfahrt zum Park von Mukkali im Jeep der Parkverwaltung (23 km).
Beste Reisezeit: Oktober bis März.

Unterkunft

Rest House* der Nationalparkverwaltung in Mukkali. Mit schönem Garten am Fluss, bescheidene Ausstattung, reservieren!, Tel. 04 92-45 32 25. Kein Restaurant am Ort!

Sehen und erleben

Parkbesuch nur mit Führer, auch mehrtägige Arrangements möglich. Feste Schuhe und Trekking-Kleidung!

4

Auskunft

Director Silent Valley National Park, Mukkali P.O. Mannarkkad, Tel. 04 92-45 32 25 oder Wildlife Warden, Silent Valley Division, Mannarkkad, Tel. 04 92-42 20 56. Reisebüros organisieren mehrtägige Touren. Website: webindia123.com und www.WildlifeIndiaTours.com

1

2

3

Berge und Baumhäuser – Green Magic und Jungle Park Resort

Ohne die Adivasis gäbe es das Baumhotel »Green Magic« wohl nicht: Die Ureinwohner der Waldgebirge schafften in Handarbeit, was anderswo nur Turmkräne leisten. Denen aber sind die Waldstraßen in den Western Ghats zu schmal, die Kehren viel zu eng. Eine halbe Fahrstunde oberhalb des Dorfes Vythiri, abseits der Passstraße NH 17, findet sich ein wunderschönes Hochtal der Fintser Hills mit Bergbach. Hier hat der Plantagenbesitzer Abdul Kareem in den 1990er-Jahren die Adivasis mit dem Bau des »Green Magic« beauftragt. Stabile Apartments entstanden in den Kronen der über 30 Meter hohen Bäume. Die geborenen Waldmenschen taten ihre Arbeit schonend und brauchten dazu keinerlei Maschinen. Das war 1995. Ein Lift hat seither Hunderte Gäste in eines der Baumapartments befördert, ganz ohne Motorkraft, sondern mit einem dicken Wassersack als Gegengewicht; hinauf geht's mit Muskelkraft. Oben ist Komfort geboten: Sessel, Kissen, ein breites Bett, Beleuchtung, kleines Duschbad, Toilette. Und was für Baumkronen-Ausblicke! In der Dunkelheit lösen die Ohren die Augen ab und Dschungel-Geräusche faszinieren, das »wowowow« der Affen, die Rufe der Nachtvögel. Die Baumapartments sind oberhalb der Wandbrüstungen nach allen Seiten hin offen, nachts rollt man Bastmatten herunter. Wen die Höhe schwindeln lässt, der findet Unterkunft zu ebenem Boden in einem der Cottages oberhalb des Baches am Berghang; jedes hat eine Terrasse mit schönem Landschaftsblick in den subtropischen Wald und zu den Höhen hinauf.

Zum »Jungle Park Resort«, dem gleichen Besitz zugehörig, führt die schmale Waldstraße noch weiter hinauf, in einen lichten Bergwald mit offenen Flächen und felsigen Steilabstürzen. Nur die wenigsten ahnen, dass Kerala auch herrliche artenreiche Bergwälder hat. Die einladenden Villen im Kerala-Stil sind alle von niederen Steinzäunen oder Mauern umfriedet, mit gemauertem Portal und roten Ziegeldächern. Innen haben die Gäste viel Platz, das Mobiliar ist rustikal, farbenfrohe Vorhänge und Bettüberwürfe und die rötlichen Steinböden passen gut in die Umgebung. Zum Empfangs- und Restaurantgebäude macht man einen kurzen Spaziergang, kann sich authentische Kerala-Küche, aber auch westliche Gerichte munden lassen. Zur Nacht entzündet die Kellnerbrigade in einer großen Metallpfanne ein Feuer, bringt gekühlte Biere und sorgt für Musik.

5

6

4

1 In lichtem Bergwald über tief eingeschnittenem Tal lässt sich's in den Cottages des noch neuen Jungle Park paradiesisch ruhig leben. Im Haupthaus erwarten den Gast ein Restaurant und abendliche Runden am Feuer. **2** Feinarbeit am Rasen in typisch indischer Hockhaltung: »die Knie zwischen den Ohren«. **3** Ausblick von der Höhe des Tranquil Hideaway auf die Ettakal-Gipfel. **4** Mahl vom Bananenblatt. **5** Ausblick von den Ettakal-Höhlen in die Ebene. **6** Ein Baumhaus, wie es naturnäher nicht sein kann. Und dazu noch komfortabel.

Zeit für Green Magic Resort***/****

Drei attraktive Baumhausapartments und Doppelzimmer in acht Eco-Lodges auf etwa 1400 m Höhe. Restaurant (Vollpension) am Bergbach.

Zeit für Jungle Park Resorts**/***

17 Zimmer in Villen und Cottages, Honeymoon-Cottage. Restaurant mit offener Terrasse (Vollpension). Für beide Resorts: Ayurveda-Angebot auf Anfrage. Urwald- und Plantagenspaziergänge, Tribal-Village-Besuche, Kozhikode-Stadtführung. Bootfahren auf dem Pookode-See. Beide Resorts liegen etwa 68 km von Kozhikode, 85 km vom Flughafen Kozhikode, 130 km von Mysore, 300 km von Bangalore entfernt.

Beim Dorf Vythiri, Fintser Hills
Buchung über A 52, Vrindhavan Colony, Chevayur, Kozhikode
Tel. 04 95-35 61 36
E-Mail: info@jungleparkresorts.com
Website: www.jungleparkresorts.com

Bauern und Brahmanen

Palakkad in den Western Ghats

Eine Öffnung in der 960 Kilometer langen Bergkette der Western Ghats wurde wichtig: für das Klima, für den Handel, für die Herrschaft. An dieser 32 Kilometer breiten Lücke wuchs die Stadt Palakkad.

Ruhe und Fruchtbarkeit prägen die Landschaft der grünen Paddyfelder um Palakkad. Kleine Baumgruppen dazwischen, friedliche Dörfer, einmal ein Gehöft, in dem unter Bäumen eine Gruppe von Elefanten steht: Das ist ein Stück Südindien, wo die Bauern alle Jahre recht verlässlich mit zwei Ernten rechnen können. Eine förderliche Rolle spielt dabei die Öffnung in der Bergkette der Westghats, der Palakkad Gap, zwischen den hoch ansteigenden Nilgiri- und den Anamalai-Bergen. Die Lücke lässt die Nordostwinde mit dem Herbstmonsun aus Tamil Nadu einströmen, zusätzlich zu den Südwestwinden, die von Juni bis August die sommerlichen Monsunregen bringen. Gut nicht nur für den Reis, auch für Zuckerrohr, Baumwolle, Kaffee, Kardamom.
Der Distrikt Palakkad ist als Keralas Getreidespeicher bekannt. Die Inder danken den Göttern, indem sie ihnen Tempel bauen, ganz gewöhnlich. In der Stadt Palakkad stehen rund 60 Tempel, 14 Moscheen und acht christliche Kirchen. Einer der Tempel wurde von den Jains errichtet, die in Kerala nur wenige Tempel haben. Man findet ihn am Kalpathy-Fluss, mit der den Jain-Tempeln eigenen Beschränkung auf wenige Statuen der »Furtbereiter«, der geistigen Führer. Wenn man sich nach dem Tempelwärter erkundigt, wird man in das Heiligtum eingelassen. Die religiöse Tradition der Brahmanen, der Angehörigen der obersten Kaste, ist in Palakkads Stadtteil Kalpathy Agrahara lebendig. Solche *agraharams*, Brahmanen-Viertel, gehen in Südindien auf das 15. und 16. Jahrhundert zurück – damals flohen Tausende Brahmanen aus Nordindien, unter dem Druck der Muslime, die viele Hindu-Tempel zerstörten. In Palakkad wählten sie einen Platz am Bharatapuzha-Fluss, der nach Hindu-Glauben unterirdisch mit dem heiligen Ganges verbunden ist. Es sind einige Straßen im Rechteckraster um einen eher kleinen Hindu-Tempel von 1425 und dessen Tempelwagen, reich mit Schnitzwerk geschmückt und mit mannshohen Rädern. Die schlichten niederen Reihenhäuser, teils mit farbigen Fassaden, werden

1 Schwergewicht unter den Früchten – mit einer Jackfruit lässt sich die Großfamilie ernähren. **2** Götterbilder im Kalappura-Haus, nicht weit von Thrissur. **3** Lotosblüten. **4** Die meisten indischen Bundesstaaten stehen schlechter da als Kerala,wenn es um die Wasserversorgung geht. Palakkad empfängt in der Regel zweimal jährlich Monsunregen, das bringt reiche Reisernten.

1 Bei Walayar, nahe der Ostgrenze Palakkads: lichte Baum- und Felder-Landschaft. **2** Vor den Western Ghats sind Keralas Flüsse zu erleben, von Wäldern gesäumt, ruhig fließend – wie hier der Bharatapuzha. **3** Kalappura-Gutshaus: die reich umgrünte Terrasse. **4** Es braucht seine Zeit, bis alle Lichter angezündet sind.

heute nicht nur von Brahmanen bewohnt, sind aber von der Regierung unter »Heritage«-Schutz gestellt.

Eines der größten Feste, *Kalpathy Ther* im November, feiert Palakkad mit Wagen- und Elefantenprozession und Verkaufsständen, die Luftballons, Spielzeug, Kleider und mehr feilbieten. Palakkad ist trotzdem kein Ziel touristischen Andrangs. Eine Attraktion, mit der auch die Besucher aus westlichen Ländern vertraut sind, ist einer der größten Vergnügungsparks im tiefen Süden: die »Malampuzha Gardens«, genannt nach dem Malampuzha-Fluss, der nördlich von Palakkad aufgestaut ist. Auf dem »Malampuzha Reservoir« kann man rudern, rund 100 Rosensorten bewundern und sich im Schlangenpark vor Kobras gruseln, einen Fantasy-Park erkunden oder hoch über dem Gelände schweben – in einer Seilbahn.

Exotischer als alles andere wirkt dann die Yakshi, die Naturgöttin, die Haupt und Hände gigantisch aus dem Parkgrün hervorstreckt, ein in Beton geformter Akt, monumentales Symbol ungebrochener Frauenkraft. Der Künstler Kanai Kunhiraman gilt als Keralas führender Bildhauer.

An großartiger Natur ist Palakkad reich. Mit dem Silent Valley National Park (siehe Seite 91) hat der Distrikt ein Vorzeigebeispiel für das Bewahren eines noch authentischen Regenwalds vor einem Staudammprojekt. Eine kleine, feine Hill Station ist Nellyampathy, zwischen Thrissur und Tamil Nadu. Wasserfälle stürzen im Bergwald bei Seethargundu zu Tal, dem Ort, an dem nach Hindu-Überlieferung Sitha, Lord Ramas nach Sri Lanka entführte Gattin, nach ihrer Befreiung rastete. Richtig steil geht's auf dem Weg zu »Raja's Cliff« bei Maampara bergan, nördlich von Nellyampathy; dort oben öffnen sich Fernblicke bis nach Coimbatore. Zu Füßen dieser Höhen liegt das Städtchen Kollengode, heute wieder oft genannt wegen des »Ayurveda-Palastes« in der ehemaligen Maharadscha-Residenz am Rande des Ortes: das »Kalari Kovilakom« (siehe Seite 100).

Damit nicht genug: Noch deutlich größer als der Silent Valley National Park ist das 1962 gegründete, 1973 erweiterte »Parambikulam Wildlife Sanctuary« (280 Quadratkilometer).

Zum Eintauchen in die ländliche Szene des Distrikts ist ein jahrhundertealtes Gutshaus zwischen Thrissur und Palakkad zu empfehlen:

»Kalappura«, am Rande des stattlichen Dorfes gleichen Namens auf einem Grundstück mit wunderbaren alten Bäumen, Lotosblüten, einer Ayurveda-Hütte und einem Elefanten. Der Hausherr und sein Sohn empfangen ihre Gäste wie Freunde, machen Exkursionen mit ihnen und betonen gern, dass »Kalappura« weder Hotel noch Resort sei. Zu alledem haben sie noch ein besonderes Angebot: Ehewillige Gäste können sich, wenn sie wollen, von einem Hindu-Priester trauen lassen, mit dazugehörigem Ritual.

Zeit für Palakkad

Anreise und Reisezeit

Flughafen Coimbatore (60 km). Von Kochi/NH 47 (150 km).
Beste Reisezeit: Oktober bis Mai.

Unterkunft

Kalappura** Landgut mit großem Garten, familiär, vorzügliche Küche. Elefantenprozessionen. Tel. 04 71-1 24 57 85.
Sri Chakra International** In den Krishna Gardens in Chandranagar bei Palakkad, 49 Zimmer, Swimmingpool, Restaurant mit guter Kerala-Küche. Tel. 04 91-2 57 09 01-05.

Sehen und erleben

In Palakkad Brahmanenquartiere (*agraharams*), Tempel, Malampuzha Garden, Tipus Fort.

Ziele in der Umgebung

Hill Station Nelliyampathy, »Maampara Peak«, »Parambikulam Wildlife Sanctuary«, Kallapuram.

Auskunft

District Tourism Promotion Council, West Fort Road, Palakkad, Tel. 04 91-2 53 89 96; Forest Information Centre, Parambikulam, Annapai HQ, Thunnakadavu Post, Palakkad District, Tel. 0 42 53-24 45 00.

1

2

Nur 14 Tage im Jahr ... – Kalari Kovilakom

»Geben Sie uns jedes Jahr 14 Tage – und wir werden die verbleibenden 351 für Sie ins Gleichgewicht bringen.« Die Gäste hier, inmitten ländlicher Stille, tragen Verantwortung, haben in ihrem Leben viel erreicht und leiden unter Stress, dem Gefühl von Ungenügen und innerer Leere. Auch physisch sind sie oft nicht mehr gesund. Ayurveda soll ihnen helfen. Ayurveda-Zentren gibt es in Kerala zu Hunderten, dennoch ist der 2004 eröffnete »Palace for Ayurveda« ein Novum. Die cghEarth ließ den Palast der Malabar-Herrscher bei Kollengode, östlich von Thrissur, renovieren. Dies ist ein besonderer Ort: noble Architektur, gartengrüne Natur, perfekter Service.

Disziplin und Einstimmung auf die natürlichen Heilkräfte, Wecken vor Sonnenaufgang, Yoga und Meditation, individuelles Therapieprogramm, Zeit zum Lesen und Denken, beste vegetarische Küche – ohne Telefon, Fernseher, Nikotin, Alkohol: In Europa wäre das ein elitäres Sanatorium, in Kerala sagt man *ashram*, das Spirituelle einbeziehend. Ayurveda versteht den Menschen als Mikrokosmos, als Abbild des Universums. »Wir behandeln die Person, nicht die Organe«, sagt uns die Ärztin, und: »Wir arbeiten wie eine Familie.«

Den Namen »Kalari Kovilakom« hat der Ayurveda-Palast von jener Königin der Vengunad-Dynastie, die ihr Schloss um 1900 auf einem einstigen Übungsplatz der *kalaripayattu*-Kämpfer erbauen ließ. Diese artistische Kampfkunst üben die Mitarbeiter des Resorts – auch Frauen – in aller Frühe. In der eigens errichteten Halle beginnen sie mit einfacher Gymnastik und steigern sich zu wirbelnden Sprüngen, mit langen Stöcken oder Schild und Schwert ausgeführt, dass die Funken stieben. Die Kämpfer verletzen sich dabei nicht, Stürze werden vom Bodenbelag der Halle gedämpft.

Die Gründer des »Kalari Kovilakom« scheinen uns sehr mutig, als wir unter Mangobäumen und pittoresken riesigen Bananenstauden den Park durchwandern: Welcher Aufwand, den über hundertjährigen Palast mit seinen Säulengängen, Portalen, Hallen und Wandmalereien zu renovieren und die 18 Palast-Suiten mit edlem Mobiliar auszustatten! Oder war die Zuversicht in die globale Kraft von Ayurveda so stark, dass es nicht sehr viel Mut brauchte? Die Zuversicht, dass aus den reichen Industrienationen Manager und viele andere herbeiströmen werden, um zu gesunden.

1 Über dem ehemaligen Tempelteich ein geschätzter Treffpunkt der Gäste. **2** Indische Musiker in der Festhalle. **3** Mit einem Lachen beginnt die Ayurveda-Behandlung im Kalari Kovilakom. **4** Aufwendig restauriert vom Boden bis zum Dach mit Holz- und Steinsäulen. **5** Leuchtende Farben, fein abgestimmtes Dekor des Palast-Ambientes.

Zeit für Kalari Kovilakom – The Palace for Ayurveda***/****

Ein großzügig angelegtes Areal mit über 100-jährigem Schloss als Hauptgebäude (18 geräumige Palastsuiten mit Air-Condition) und zahlreichen Nebengebäuden in traditioneller Architektur. Auch Ayurveda-Schönheitstherapie ist im Angebot. Dazu ein Baumpark, ehemalige Tempelteiche, eigene Ayurveda-gemäße Gemüse- und Kräuterzucht. Bibliothek, Musik- und andere kulturelle Vorführungen. Internetzugang. Mindestaufenthalt zwei Wochen. 105 km vom Flughafen Kochi entfernt, 75 km vom Flughafen Coimbatore.

Kollengode 678506, Pallakad,
Tel. 0 49 23-26 39 20-28,
Buchung: cghEarth, Tel. 04 84-2 66 82 21 oder 04 84-2 66 68 21,
Zentrale Buchung: Tel. 04 84-3 01 17 11
E-Mail: contact@cghearth.com
Website: www.cghearth

Traumstrände wie in Arugam Bay ziehen Sonnenhungrige wie Surfer gleichermaßen an.

Sri Lanka

Willkommen in Sri Lanka

1

Langsam nimmt der graue Umriss vor dem Blätterwald Gestalt an, werden Konturen sichtbar. Ein dicker Rüssel erhebt sich über die Büsche und pflückt in fünf Metern Höhe einen Zweig vom Baum. Weitere Körper schälen sich aus dem Gehölz, nach und nach tritt eine ganze Elefantenfamilie hervor.

Traumhafte Inseln gibt es viele, manche mit Naturschönheiten, andere mit Relikten einer grandiosen Vergangenheit. Aber kaum eine zeigt so viele Facetten wie Sri Lanka. Neben einer über 2000 Jahre alten Hochkultur gibt es hier bis heute eine lebendige Natur, immer wieder unvermittelte Begegnungen mit Dickhäutern, Echsen und Vögeln, wie sie in den meisten Ländern der Erde nur noch in geschützten Parks möglich sind. Ein sogenannter »Elefantenkorridor« durchzieht die Insel, durch ihn wandern die Tiere von Park zu Park – nicht immer zur Freude der Bauern. In vielen Gegenden sieht man Wachtürme neben Straßen und auf Feldern, in denen sie nachts im Schein von Fackeln sitzen und die Elefanten durch Lärm und Feuer von ihren Feldern fernzuhalten suchen. Nicht immer gelingt es, wie oft am Morgen Verwüstungen direkt neben Dörfern und Hotelanlagen demonstrieren.

Rund 100 Naturschutzgebiete gibt es in Sri Lanka, auch das erste Naturschutzgebiet der Welt gehört dazu: Bereits im 3. Jahrhundert vor unserer Zeitrechnung wurde Mihintale von König Devanampiyatissa zum Schutzgebiet erklärt. Mihintale ist auch jener Berg, auf dem der Buddhismus in Sri Lanka seinen ersten Sitz hatte. Der Legende nach landete Mahinda, Sohn des indischen Königs Ashoka, auf einer mystischen Reise durch die Luft auf einem Felsen auf dem Berg. Mit ihm zog der Buddhismus in Sri Lanka ein, der unter König Ashoka in großen Teilen Süd- und Südostasiens verbreitet wurde. Devanampiyatissa, der mit Ashoka in regem Kontakt stand, sorgte für den Bau der ersten Klosteranlagen auf dem Mihintale. Aufgrund des buddhistischen Gebotes, alle Lebewesen zu achten, entstanden in fast allen Provinzen des Königreichs Schutzgebiete.

Dieser frühe Naturschutz trug zur Schönheit des Landes bei. Gern wird der Name Sri Lanka als »strahlend schöne Insel« übersetzt, was zur natürlichen Anmut der Insel passt, aber nicht so ganz zur eigentlichen Bedeutung. Die Insel Lanka wird schon in der Hindu-Mythologie als das Eiland erwähnt, auf dem König Ravana wohnt. Von Rameshvaram aus erreicht der Affengott Hanuman Lanka über die Palkstraße, der Legende nach eine Brücke, die aus einer 30 Kilometer langen Kette kleiner Inseln und Sandbänke zwischen Rameshvaram und dem zu Sri Lanka gehörenden Eiland Mannar besteht. Die Brücke soll von Hanumans Affenarmee errichtet worden sein, um Sita, die von Ravana entführte Gattin des Hindu-Gottes Rama, zu befreien. Sri ist im Sanskrit eine ehrenvolle Anrede, sodass Sri Lanka »ehrenwerte Insel« bedeutet.

Nach dem Sohn des mächtigen Königs Ashoka kam auch seine Tochter nach Sri Lanka. Sanghamitta brachte 288 v. Chr. einen Ableger des Baumes, unter dem der Buddha seine Erleuchtung erfahren haben soll, nach Sri Lanka, wo ihn König Devanampiyatissa auf einer Terrasse in Anuradhapura einpflanzte. Heute gilt er als ältester Baum der Welt und wird als heiliger Bodhi-Baum verehrt.

Mehr als zwei Jahrtausende lang war der Buddhismus in weiten Teilen Sri Lankas bestimmend. In dieser Zeit entstanden die Königsstädte des Kulturdreiecks, deren Ruinen heute noch den Glanz der einstigen Reiche widerspiegeln, ebenso wie die Seen der eher trockenen Region, die keineswegs natürlichen Ursprungs sind, sondern als Wasserspeicher angelegt wurden. Verbunden wurden sie durch Kanäle, die in der trockenen Ebene nördlich des Berglands mit dem unglaublich geringen Gefälle von wenigen Zentimetern je Kilometer konstruiert wurden. Dämme und Kanäle basierten auf höchst präzisen Berechnungen – eine absolute Meisterleistung für die Zeit ihrer Planung. Auch das erste Hospital der Welt wurde im 4. Jahrhundert bei Mihintale errichtet, das sich somit gleich zwei herausragender Neuerungen rühmen kann. Über ein Jahrtausend dauerte die Blüte der antiken buddhistischen Königreiche Sri Lankas. Ihr Ende kam mit der Eroberung des Königreiches Anuradhapura im Jahr 993 durch den südindischen Chola-Herrscher Rajaraja I., der König Mahinda V. zur Flucht in den Süden der Insel zwang. Unter der über 70 Jahre währenden Herrschaft der Chola verschwand der Buddhismus fast vollständig, wurde aber nach ihrem Ende von Mönchen aus Burma wieder eingeführt, sodass er Sri Lanka bis heute prägt.

Beinahe genauso alt ist die Tradition des Ayurveda in Sri Lanka. Sie ist tief verwurzelt in den Religionen und im Denken des indischen Subkontinents. Obwohl im 1. Jahrhundert im Norden Indiens, im heute zu Pakistan gehörenden Peshawar, entwickelt, wird Ayurveda

heute nicht nur in Südindien, sondern auch in Sri Lanka praktiziert. Auf der Insel finden sich die auf Ayurveda spezialisierten Häuser vor allem an der West- und Südküste, meist direkt an der Küste, und verbinden so die Verlockungen der paradiesischen Strände mit einem ausgefeilten Gesundheitsprogramm. Am Anfang eines meist 14-tägigen Aufenthalts steht das Gespräch mit einem qualifizierten Ayurveda-Arzt, der den Gast befragt und seinen Gesundheitszustand prüft. Danach wird die jeweils passende Ayurveda-Kur zusammengestellt, die nicht mit einem Wellness-Programm verwechselt werden sollte. Denn in authentischen Ayurveda-Hotels gibt es weder Alkohol, Kaffee oder schwarzen Tee noch Annehmlichkeiten wie Klimaanlage, Fernseher oder Internet. Schließlich soll der Gast zur Ruhe kommen und Kraft aus der Natur schöpfen. Wem das zu viel ist, der hat die Wahl, Ayurveda in einem der vielen schönen Resorts als Zusatzoption ohne die letzte Konsequenz zu testen. Vorgestellt werden im Folgenden sowohl Anlagen, die komplett auf Ayurveda setzen, als auch solche, die in erster Linie angenehme Unterkünfte sind, aber auch Ayurveda anbieten.

1 In Kataragama findet im Juli/August eines der großen Feste Sri Lankas statt. **2** Ausritt auf einem Elefanten am Fuß des Löwenfelsens. **3** Besonders zu Vollmond drängen sich die gläubigen Buddhisten in den Tempeln, wie hier im Kelaniya Raja Maha Vihara bei Colombo. **4** Abendliche Ruhe auf dem heiligen Berg Mihintale.

1

2

3

4

Sri Lankas heimliche Hauptstadt

Colombo

Ist sie es nun oder ist sie es nicht? Sehenswert? Und die Hauptstadt Sri Lankas? Auf beide Fragen kann man mit einem klaren »Jein« antworten. Regierungssitz ist das weithin unbekannte Sri Jayawardenepura Kotte, zehn Kilometer südlich von Colombo. De facto ist Colombo mit etwa 700 000 Einwohnern die wichtigste und größte Stadt des Landes – und darum nicht zu verachten.

Im Ballungsraum rund um Colombo leben sogar zwei Millionen Menschen. Und da das alles als eines wahrgenommen wird, ist Kotte nicht sehr viel mehr als ein Vorort Colombos und Colombo selbst mithin die Hauptstadt.

Sehenswert erscheint die Stadt auf den ersten Blick nicht. Wer sich vom Flughafen durch die endlos anmutenden Häuserschluchten gequält hat, die bei Negombo direkt hinter dem Flughafen zu beginnen scheinen und bis südlich von Moratuwa reichen, fühlt sich nicht angezogen, mehr von der Stadt zu sehen. Mit Fertigstellung der Autobahn von Negombo in den Süden wird sich das ändern: Dann sehen viele Besucher von Colombo praktisch gar nichts mehr. Dabei hat die Stadt durchaus ihre reizvollen Seiten. Rund um das Galle Face Green und in Colombo Fort gibt es reichlich Auswahl an gediegenen Unterkünften. Von hier aus lassen sich die Sehenswürdigkeiten gut erkunden und das Lebensgefühl der Stadt erfahren.

Da es in der Stadt praktisch immer schwül-heiß ist, sollte man einen Stadtbummel am späten Nachmittag unternehmen. Dann füllt sich das Galle Face Green mit Menschen, die an der Uferpromenade schlendern, an einem der vielen Stände Getränke oder Speisen zu sich nehmen oder sich einen Drachen leihen, um ihn in den Himmel steigen zu lassen. Wer seine Erfrischung gerne mit kolonialer Atmosphäre genießen möchte, steigt am Südende des Platzes die Stufen des Hotels Galle Face hinauf, um sich auf der herrlichen Terrasse niederzulassen.

Zu einem entspannten Bummel lädt auch der Beira Lake ein. Große Enten, die sich als Tretboote entpuppen, treiben über den See, eine elegant geschwungene Hängebrücke führt auf eine Insel, Restaurants und Geschäfte laden an der Nordwestecke zum Besuch ein, und auf einer künstlichen Insel liegt der elegante Seema Malakaya-Tempel. Mit Erstaunen stellt man fest, dass Sri Lankas allgegenwärtiger Stararchitekt Geoffrey Bawa nicht nur für viele Luxushotels die

1 Weihnachtlich: in einem Basar in der Pettah. **2** Auch Moscheen prägen das Bild von Colombo. **3** Das Kelaniya Raja Maha Vihara, eine der Hauptattraktionen der Stadt. **4** Im Stadtteil Fort liegen moderne Hotels und das Presidents House, nach Süden grenzt das Galle Face Green an.

1 und 2 Das Kelaniya Raja Maha Vihara ist der wichtigste buddhistische Tempel an der Westküste und an Feiertagen Ziel von Tausenden Gläubigen. **3** Das Gangaramaya-Kloster bietet eine überraschende Mischung aus Buddhas unterschiedlicher Herkunft und vielem Krims-Krams. **4** In der Pettah thront die auffällige Jami ul-Alfar-Moschee.

gestalterische Verantwortung trägt, sondern auch für diesen Tempel, den Statuen meditierender Buddhas säumen. Auf einer kleinen Nebeninsel steht ein Bodhi-Baum, der von gläubigen Buddhisten umrundet wird. Nur ein kurzes Stück weiter liegt in einer Seitenstraße am Südende des Sees das buddhistische Kloster Gangaramaya Vihara. Im Klostermuseum werden auch profane Dinge wie Oldtimer, alte Schreibmaschinen, Schallplatten, Uhren etc. ausgestellt.
Das größte Kloster der Region aber ist das Kelaniya Maha Vihara, das etwa zehn Kilometer landeinwärts am Fluss Kelani liegt. Am schönsten ist der Besuch am Wochenende oder zu den Vollmondtagen. Die Tempelanlage gehört zu den bedeutendsten Sri Lankas, da gemäß Legende Buddha selbst vor rund 2500 Jahren das Kloster besucht haben soll. Da die Anlage im Laufe der Jahrhunderte mehrmals von tamilischen Eindringlingen oder europäischen Eroberern zerstört wurde, ist das, was heute steht, neueren Ursprungs. Im

Zentrum steht auf einer Plattform ein weit ausladender Bodhi-Baum und eine große, weiße Dagoba. Dazwischen liegt das reich ausgeschmückte Vihara. Die Wände sind vollständig mit Wandmalereien bedeckt, die in feinster Ausführung Szenen aus dem Leben von Buddha zeigen.

Wer eher am Alltagsleben interessiert ist, sollte unbedingt einen Bummel durch die Pettah machen. Das Basarviertel schließt sich östlich an Fort an. In den engen Straßen zeigt sich das typische Bild eines asiatischen Basars. Die Gassen sind meist verstopft. Mühsam quält sich der Verkehr zwischen Waren, Tuk-Tuks und Lkws, die alle be- oder entladen werden, hindurch. Die Luft, geschwängert von vielerlei Gerüchen und Abgasen, scheint mittags über dem Asphalt zu kochen. In einer Gasse reihen sich Elektronikläden aneinander, in der nächsten wird (im Dezember) Weihnachtsschmuck von moslemischen Händlern angeboten. Ein Stück weiter werden Säcke mit Reis, Zwiebeln, Kartoffeln, Kartons mit Thunfischdosen und vielen anderen Waren vom Bürgersteig auf Lastwagen umgestapelt. Noch weiter hinten werden frisches Obst und Gemüse angeboten. Lebendiger und größer ist jedenfalls kein anderer Basar im Land, und schon allein dafür lohnt sich ein Besuch in Colombo.

Zeit für Colombo

Anreise und Reisezeit

Der Bandaranaike International Airport liegt 30 km nördlich der Stadt. Zugverbindungen nach Norden über Anuradhapura bis Vavuniya, an die Ostküste nach Trincomalee, nach Kandy und ins Bergland bis Badulla, in den Süden über Galle bis Matara, entlang der Küste. Zahlreiche Busse fahren von Colombo in jeden Landesteil.
Beste Reisezeit: Für den Südwesten Sri Lankas im europäischen Winter. Von Dezember bis März fallen die wenigsten Niederschläge, und das Meer ist ruhig.

Unterkunft

Taj Samudra Hotel***** Frisch renoviertes Hotel der Taj Group am Galle Face Green. Die geräumigen Zimmer haben Balkon mit Meerblick; hübscher Garten mit Pool. 25, Galle Face Center Road, Colombo 03, Website: www.tajhotels.com
Casa Colombo**/******* Kleines, schickes Boutiquehotel und eine Oase der Ruhe. 231 Galle Road, Bambalapitiya, Colombo 4, Website: www.casacolombo.com
Cinnamon Lakeside*/****** Modern ausgestattetes Luxushotel am Lake Beira. Schöner Garten mit Pool. 115 Sir Chittampalam A Gardiner Mawatha, Colombo 2, Website: www.cinnamonhotels.com
Thusare House & Spa* Kleine, wunderbar ruhige Unterkunft nahe dem Beira-See, in der Sehbehinderte zu japanischen Masseuren ausgebildet werden. 103/12, Dharmapala Mawatha, Colombo 3.

Sehen und erleben

Das Stadtzentrum Fort, das moderne und koloniale Architektur vereint. Das quirlige Basarviertel Pettah, das östlich an das Fort anschließt. Der Galle Face Green, der große Platz am Meer, der sich besonders abends und am Wochenende belebt. Beira Lake, Tempel und Tretboote locken Besucher an den kleinen See im Herzen Colombos.

Ziele in der Umgebung

Kelaniya Raja Maha Vihara, etwa 10 km östlich von Colombo Fort gelegen, ist eines der größten Heiligtümer Sri Lankas. Ein Besuch der Tempelanlage ist am schönsten am Wochenende und an Feiertagen.

Auskunft

Sri Lanka Tourist Board, 80 Galle Road, LK-Colombo 3, Tel. 01-2 43 77 59, E-Mail: tourinfo@sri.lanka.net, Website: www.srilanka.travel

1

2

Wohnen in herrschaftlichem Ambiente – Galle Face Hotel

Das »Galle Face« ist wahrhaft eine Institution in Colombo. Bereits 1864 gegründet, ist es eines der ältesten Hotels in Asien – gerade mal ein Jahr jünger als das »New Oriental« in Galle, das als das älteste gilt. Schon der Eingangsbereich am Galle Face Green mit der weiten Treppe und dem Vordach, unter dem es sich herrschaftlich vorfahren lässt, beeindruckt. Nicht zuletzt deswegen wird das Hotel auch gern als repräsentativer Ort für Hochzeiten und Feierlichkeiten genutzt.

Zwischen Säulen führt die Treppe in die weite, hohe Eingangshalle, die schon den altmodischen Stil des Hotels anklingen lässt. Alles atmet Geschichte im alten Teil des Hauses, der als »Classic Wing« firmiert. Die Treppen und der Aufzug knarren ebenso wie der Dielenboden in den großen Zimmern. Hat man ein Zimmer an der Seeseite, öffnet sich der Blick nach zwei Seiten über das Meer und zum Galle Face Green oder zum Innenhof des Hotels. Die lange Geschichte sieht man den Zimmern im klassischen Flügel allerdings auch an. Die abgehängten Decken wirken mancherorts dringend renovierungsbedürftig, die Bäder entsprechen keineswegs modernem Hotelstandard. Dafür entschädigt der »Classic Wing« mit dem Wissen, dass dieses Ambiente bereits königliche Gäste und Staatsoberhäupter genossen haben, als Sri Lanka noch Ceylon hieß.

Deutlich moderner, aber auch kleiner sind die Zimmer im »Regency Wing«. Doch egal, in welchem Flügel man wohnt, was zählt, ist der koloniale Charme des Hauses. Am besten genießt man ihn am Nachmittag beim »High Tea« auf der Veranda mit Blick auf den Indischen Ozean oder am Abend auf der Terrasse. Sie ist definitiv der schönste Fleck Colombos für einen abendlichen Sundowner. Die Bar serviert kleine Gerichte und kalte Getränke unter Palmen. Wer nicht im Hotel wohnt, sollte wenigstens einmal auf der Terrasse oder im »Sea Spray«-Restaurant dinieren und sich an der Atmosphäre des imposanten Hotelkomplexes erfreuen.

Vor dem Hotel am Galle Face Green liegt der Stadtstrand. Allerdings ist das Wasser hier von zweifelhafter Sauberkeit. Dafür entschädigt der Hotelpool mit Blick aufs Meer. Wer mag, kann hier die morgendliche Meeresbrise beim Bad genießen, um anschließend zum üppigen Frühstücksbuffet zu schreiten.

4

5

1 Am Abend zeigt sich das Galle Face von seiner schönsten Seite. **2** Die weitläufigen Veranden laden zu einem abendlichen Drink ein. **3** Der Pool, direkt am Indischen Ozean gelegen. **4** Den Zimmern im klassischen Flügel sieht man ihre lange Historie an. **5** Ein Sundowner auf der Terrasse ist Pflicht bei einem Besuch in Colombo.

Zeit für Galle Face*****

Herrlich am Indischen Ozean gelegenes Nobelhotel mit kolonialer Architektur von 1864. Der wunderbar U-förmig angelegte Innenhof mit Pool, Terrasse und Restaurants öffnet sich zum Meer hin. Ein Besuch hier lohnt sich auf alle Fälle. Die Zimmer im »Classic«-Flügel wirken jedoch zum Teil renovierungsbedürftig und sind für den Zustand zu teuer. Im »Regency Wing« entsprechen die Zimmer dem aktuellen Standard, sind aber etwas kleiner. Trotz mancher kleiner Mängel ist das Hotel mit seiner Atmosphäre einen Besuch wert. Es gibt Spa, Fitnessraum und mehrere Restaurants.

2 Galle Road, Colombo 3,
Tel. 011-2 54 10 10,
E-Mail: information@gallefacehotel.net,
Website: www.gallefacehotel.com

1

2

3

4

Traumstrände und Luxushotels

Sri Lankas Westküste

Colombo teilt die Westküste in zwei Teile. Nördlich der Stadt gab es bis 2009 nur Negombo mit dem Flughafen als nennenswertes Ziel. Die schönen Strände weiter nördlich waren vom Bürgerkrieg in Mitleidenschaft gezogen worden. Doch seit Frieden herrscht, entwickelt sich der Tourismus an der nördlichen Westküste sehr schnell. Besonders die trockene Halbinsel Kalpitiya hat das Zeug, ein neues Traumziel zu werden.

Zwischen einer großen Lagune und dem Indischen Ozean zeigt die Kalpitiya-Halbinsel bei Puttalam wie ein dürrer, ausgestreckter Finger nach Norden. Während die flache Lagune den Fischern gehört, ist der Ozean hier ideal für Windsurfer, Taucher und Delfin-Beobachtung. Die in weiten Teilen von muslimischen Fischern bewohnte Halbinsel wird nach Norden immer karger und die Bevölkerung dementsprechend ärmer. Entlang der Küste haben sich einige Resorts darauf verlegt, einfache, aber schön gestaltete Bungalows in Eco-Resorts anzulegen. Ein Konzept, das gut zur Naturlandschaft passt, allerdings nicht preiswert ist. Noch mehr Natur bieten der bis zur Küste reichende Wilpattu-Nationalpark mit seinen ausgedehnten Wäldern und die vorgelagerten Riffe mit ihren Tauchgründen.
Einige Kilometer nördlich von Negombo liegt Waikkal. Mit seinen zwischen den Palmen verstreuten Häusern ist der Ort kaum als solcher auszumachen. Obwohl nicht weit vom Flughafen entfernt, liegen die Hotels inmitten der üppigen Natur Sri Lankas und bürgen für Ruhe und Abgeschiedenheit.
Mit Ruhe können die Hotels am breiten Sandstrand Negombos nicht aufwarten. Ihr größter Trumpf ist der nur zehn Kilometer entfernte Flughafen. Vor allem Reisende, die nur wenige Tage in Sri Lanka bleiben, um nach einem langen Flug erst einmal auszuruhen, oder die nach einer Rundreise noch einige Tage Sonne und Strand suchen, finden hier Unterkünfte jeder Preislage. Das Angebot reicht von einfach bis luxuriös, vom modernen Designhotel bis zum exklusiven Ayurveda-Resort. Einziger Malus: Der breite Strand bietet nicht den romantischen Charme der von Palmen gesäumten Strände südlich von Colombo. Hübsch anzusehen sind hingegen die Fischerboote mit ihren großen, braunen Segeln. Die Auslegerboote fahren zum Fischfang aufs offene Meer und sind so etwas wie die Ahnen moderner Katamarane. Von ihrer tamilischen Be-

1 Traditionelle Boote liegen am Strand von Negombo auch für Ausflüge bereit. **2** In der Puttalam-Lagune leben nicht nur Fische. **3** Das Tuk-Tuk bietet Platz für ganze Großfamilien. **4** Am Abend fahren die Fischer überall entlang der Westküste bei ruhiger See aufs Meer hinaus.

1 Aus frischem Fisch wird am Strand Trockenfisch. **2** Bei Bentota überquert die Küstenstrasse den Bentota Ganga, der hier eine schöne Lagune bildet. **3** Weite Teile der Küste wie hier bei Wadduwa sind touristisch nicht erschlossen. **4** Der Strand bei Bentota gehört zu den schönsten der Westküste. **5** Im Brief Garden bei Bentota leuchten verschiedenste Blüten.

zeichnung *kattu maram*, zusammengebundener Stamm, leitet sich auch die Bezeichnung Katamaran ab. Auffällig sind in Negombo auch die vielen Kirchen. Tatsächlich sind in dieser Region etwa 90 Prozent der Einwohner Katholiken.

Die Vororte Colombos reichen mittlerweile bis Mount Lavina. Der breite Strand lockt vor allem Ausflügler aus Colombo an. Mit seinen vielen Hotels und Restaurants ist Mount Lavina auch eine gute Basis, um Colombo zu erkunden. Nicht zuletzt lockt mit dem 1806 errichteten »Mount Lavina Hotel« auch eine der schönsten Kolonial-Unterkünfte. Durch die Nähe zu Colombo sind die Badefreuden hier aber leider nicht ungetrübt.

Im Wadduwa, 30 Kilometer südlich von Colombo, liegen an einem sieben Kilometer langen Strand einige luxuriöse Resorts verstreut unter Palmen. Der Ort ist als solcher kaum zu erkennen; die Straßen zu den Unterkünften lassen ihre Bestimmung nur vage erahnen.

Erreicht man den Strand, stellt man erstaunt fest, dass das Sandband zwischen Palmen und Ozean fast ausschließlich von Fischern genutzt wird.
Etwa 60 Kilometer von Colombo entfernt befindet sich mit Beruwela und Bentota die erste größere Ansammlung von Unterkünften. Aber auch hier ist Versteckspielen Trumpf. Die Anlagen sind eingebettet in die üppige Natur am Strand oder liegen am breiten Bentota Ganga, der sich hier in Windungen ins Hinterland zieht. Der wunderschöne Sandstrand Bentotas ist trotz etlicher Hotels nahezu menschenleer.
Das ändert sich dann in Hikkaduwa. Denn hier sind es nicht mehr die großen und teuren Resorts, die das Bild prägen. Beiderseits der Küstenstraße, die sich durch den Ort zieht, liegen vor allem preiswerte Unterkünfte, Restaurants und Bars. So ist Hikkaduwa vor allem ein Ziel für Rucksackreisende und Surfer, die nach dem Ritt auf den Wellen am Strand bei Reggae-Klängen ein kaltes Bier oder frisch zubereiteten Fisch zu sich nehmen können. Allerdings hat der Strand Hikkaduwas in den letzten Jahrzehnten unter den Monsunstürmen gelitten. Das Problem ist hausgemacht: Möglich wurden die zerstörerischen Wellen wegen des Raubbaus am vorgelagerten Korallenriff, das seit 1988 unter Naturschutz steht.

Zeit für die Westküste

Anreise und Reisezeit

Der Bandaranaike International Airport ist in 20 Minuten von Negombo oder, in ein bis zwei Stunden, von andern Zielen aus zu erreichen. Regelmäßige Zugverbindungen von Norden bis Puttalam in den Süden über Galle bis Matara an der Küste entlang. Zahlreiche Busverbindungen von und nach Colombo.
Beste Reisezeit: Für die Westküste Sri Lankas im europäischen Winter. Von Dezember bis März fallen die wenigsten Niederschläge, und das Meer ist ruhig.

Sehen und erleben

Ambalangoda, zwischen Bentota und Hikkaduwa gelegen, ist ein Dorf, das für seine Maskenschnitzerei bekannt ist. In den Werkstätten kann man dabei zusehen, wie die bunten Holzmasken entstehen, die man überall an den Ständen kaufen kann. Es gibt auch ein kleines Maskenmuseum. Eine Besonderheit ist der Maskentanz von Ambalangoda, der dazu dient, böse Geister zu vertreiben und Krankheiten zu heilen. 12 km südöstlich, im Hinterland von Ambalangoda, liegen die Mondsteinminen von Meetiyagoda, ein beliebtes Touristenziel.

5

Ziele in der Umgebung

Brief Gardens: Der Landschaftsarchitekt Bevis Bawa, Bruder des berühmten Tropenarchitekten Geoffrey Bawa, hat diesen idyllischen Garten auf einem zwei Hektar großen Gelände angelegt. Der malerische Park besticht durch Bambushecken, Teiche, Alkoven und Skulpturen. Auch das Haus, in dem Bevis Bawa lebte, lohnt den Besuch. Etwa 8 km landeinwärts vom Küstenort Bentota, beim Dorf Kalawila gelegen.

Auskunft

www.srilanka.travel, www.srilankatourism.de,
www.urlaub-srilanka.com

1

2

3

In den Sand gebaut – Bar Reef Resort

Die Anreise gerät zur Geduldsprobe: Kann diese holprige Piste wirklich zu einem Hotel führen, oder endet sie im Nichts? Die Anschrift Palmyrah Avenue kann nur als Scherz verstanden werden. Palmen gibt es auf der Kalpitiya-Halbinsel genug, aber nichts, was auch nur entfernt an eine Avenue erinnert. Doch wenn das »Bar Reef Resort« gefunden ist, entschädigt die schöne Anlage mit ihren individuell gestalteten Bungalows, die hinter Wänden aus Palmwedeln versteckt sind, für die Strapazen. Jede der Unterkünfte ist fantasievoll gestaltet und praktisch ausschließlich aus Naturmaterialien entstanden. Die Wände sind aus Lehm, statt Fenstern gibt es ein Geflecht aus Stöcken, die Dächer bestehen aus einem Holzgerüst aus dünnen Stämmen und Palmblättern. Die Dusche liegt hinter der Cabaña, der Wasserstrahl kommt aus einer Palme. Das ganze Konzept läuft unter dem Stichwort »Eco«. Der einzige Wermutstropfen dabei ist, dass »einfach« keineswegs mit »preiswert« in Verbindung gebracht werden sollte.

Zum Konzept passt auch der wunderschön als offene Hütte angelegte Speiseraum, von dem aus der Blick über den Pool zum Meer schweift. In der Mitte des Raumes steht ein traditionelles Boot aus drei aneinandergebunden Stämmen, das als Tisch dient. In irdenen Töpfen werden schmackhafte heimische Speisen serviert.
In den Wintermonaten lädt das Meer zu sportlichen Aktivitäten wie Ausflügen mit dem Seekajak oder Schnorcheln am »hauseigenen« Riff ein. Delfin-Beobachtungen mit dem Boot sind an der Tagesordnung. Große Delfinschulen begleiten hier oft die Boote.
Nur ungefähr zwei Kilometer weiter an der Küste nach Süden befindet sich das »Dolphin Beach«. Obgleich ein Schwesterhotel des »Bar Reef Resorts«, ist die Anlage komplett anders gestaltet. Um einen großen sandigen Platz herum, gesäumt von Palmen, liegen die luxuriösen Zeltunterkünfte sowie Restaurant und Bar. Wo im »Bar Reef« eher die Privatspäre dominiert, ist hier eher gemeinsames Entspannen angesagt. Gechillt wird am Meer in einer großen, zu den Seiten hin offenen Rundhütte; in der »Ice Lounge« dienen von innen beleuchtete Acryl-Eisquader als Tische, im Restaurant wühlen die Zehen beim Abendessen im Sand. Beide Resorts locken Naturliebhaber an, die das einfache Leben auf hohem Niveau genießen wollen.

1 Palmen beschatten den Platz, um den herum die Luxuszelte des Dolphin Beach stehen. **2** Natürliche Materialien dominieren im fantasievollen Bad im Bar Reef Resort. **3** Relaxen mit Blick aufs Meer im Dolphin Beach. **4 und 5** Leckere Curry werden im Bar Reef in irdenen Töpfen auf einem ehemaligen Boot serviert. **6** Einfach, aber schön gestaltet sind die Cabañas im Bar Reef.

Zeit für Bar Reef Resort****

Sechs wunderschöne Lehmhütten mit eigenem Garten und zwei Villen für Gäste, die die Einsamkeit lieben; es warten ein schönes Restaurant und ein Pool mit Meerblick – wer in dieser paradiesischen Idylle nicht zur Ruhe kommt, schafft es nirgendwo.

Palmyrah Avenue Norochcholoai/Alankuda Off Kalpitiya Road, Kalpitiya-Halbinsel, Tel. 077-1 06 00 20, E-Mail: info@barreefresort.com, Website: www.barreefresort.com

Zeit für Dolphin Beach****

Unter dicken doppelwandigen Zeltplanen lebt es sich mit Klimaanlage sehr angenehm. Gemütliche Sitzecken vor dem Zelt und fantasievolle Bäder dahinter laden zum völlig entspannten Verweilen ein.

Makara Resorts (PVT) LTD, Dolphin Beach Resort, Elanthadiya, Kalpitiya, Tel. 032-7 38 80 50, E-Mail: reservations@dolphinbeach.lk, Website: www.dolphinbeach.lk

Privatatmosphäre garantiert! – Jetwing Ayurveda Pavilions

Für die meisten Reisenden ist Negombo eine Durchgangsstation. Doch mit Hotels wie den beiden Jetwing-Häusern »Ayurveda Pavilions« und »Jetwing Blue Negombo« ist der Ort auch eine gute Destination für einen längeren Aufenthalt. Wer eine Ayurveda-Kur auf Sri Lanka machen will, findet hier mit den liebevoll angelegten Villen des »Ayurveda Pavilions« eines der schönsten Ayurveda-Resorts.

Die Bungalows sind eingebettet in eine üppig begrünte Gartenanlage, jeder mit eigenem Hof und durch eine hohe Mauer eingefriedet. So entsteht auf dem Weg durch die Anlage – zwischen Lehmmauern und den wie Scheunen anmutenden Vorbauten – fast der Eindruck, durch ein Dorf zu laufen. Tritt man durch ein zweiflügeliges Tor in einen der Höfe, so steht man zunächst in einem nach hinten offenen Raum, der der Ayurveda-Behandlung dient und mit Massageliege ausgestattet ist. Erst hinter dem Innenhof liegt die eigentliche, komfortable Villa. So sind absolute Ruhe und private Abgeschiedenheit garantiert. Alle Wände sind in warmen Naturtönen gestrichen. Für besondere Behandlungen gibt es ein ebenfalls in gedeckten Erdtönen gehaltenes Ayurveda-Zentrum. Angeboten wird eine Vielzahl von Kuren: von Entgiftungsprogrammen über Kuren gegen Arthritis bis zu Anwendungen für Diabetiker. Im »Herb & Spice Restaurant« am Pool kann der Gast den Tag mit Ayurveda-Speisen oder Vollwertküche ausklingen lassen. Anders als in vielen anderen Ayurveda-Hotels ist der Besucher hier aber nicht vom touristischen Leben abgeschnitten.

Tritt man aus dem Tor, so liegt gegenüber der Straße der breite Sandstrand Negombos, entlang der Straße zahlreiche Restaurants und Geschäfte und ebenso, ein Stück die Straße entlang, das modern und großzügig gestaltete Schwesterhotel »Jetwing Blue Negombo«. Es besticht vor allem durch klares Design: vom Empfang über den Pool und Spa-Bereich bis zu den Zimmern. Die Bäder sind durch Glasscheiben vom Schlafraum getrennt, über den breiten Betten hängen großformatige Zeichnungen. Direkt vor Restaurant und Pool liegt der Strand, von den Zimmern geht der Blick zum Indischen Ozean, auf dem sich meistens die Segel der Auslegerboote zeigen. Der lange, in Blau gehaltene Pool mit Bar und Sitzgruppe ist das Zentrum des Lebens im »Jetwing Blue Negombo«.

5

4

1 Eingang zum Privatbereich eines Bungalows im Ayurveda Pavilions.
2 Geschmackvoll gestaltet mit Naturfarben: die Ayurveda-Abteilung.
3 Modern und komfortabel sind die Zimmer im Jetwing Blue.
4 und 5 Der Pool des Jetwing Blue am breiten Strand von Negombo kann auch von Gästen des Schwesterhotels Ayurveda Pavilions genutzt werden.

Zeit für Jetwing Ayurveda Pavilions****

Ruhige Anlage in Strandnähe, wunderbares Ambiente mit natürlichen Farben. Große Auswahl an umfangreichen Ayurveda-Kuren. Yoga, Meditation, Gymnastik. Unterkünfte in Villen mit privatem Garten. Die Anlage wurde von Anura Ratnavibhushana, einem von Sri Lankas führenden Architekten, geplant.

Ethukale, Negombo, Tel. 031-2 27 90 03, (weitere Kontaktdaten: siehe Jetwing Hotels Limited)

Zeit für Jetwing Blue Negombo***/****

Anlage mit klarem Design; mit schönem Pool, Spa und zwei Restaurants mit internationalen Speisen. Großzügige, helle Zimmer mit Balkon und herrlichem Meerblick.

Jetwing Hotels Limited, Jetwing House, 46/26, Navam Mawatha, Colombo 02, Tel. 011-2 34 57 00, E-Mail: hotels@jetwinghotels.com, Website: www.jetwinghotels.com

1

2

3

Zwischen Mangroven und Palmen – Ranweli Holiday Village

Kurz hinter Negombo endet die dichte Besiedlung, die Colombo umgibt. Statt durch endlos anmutende Ortschaften führt die Straße auf dem Weg nach Norden plötzlich durch sattes Grün. Die kleinen Ortschaften liegen unter Palmen versteckt. Nach wenigen Kilometern führt hinter der Brücke über den Maha Oya eine unscheinbare Straße zum Hotel. Schon bei der Ankunft im Resort ist direkt das Motto des Hotels zu erkennen, das als »Eco Resort« ausgezeichnet wurde. Erst wird der Gast auf einer Fähre über einen Fluss gestakt, dann führt ihn ein überdachter Weg durch einen 100 Meter langen Mangrovenwald zur Rezeption. Außer der Hotelanlage ist auf der Halbinsel weit und breit nichts zu sehen. Auf einem Holzsteg, der in den Mangrovenwald führt, können Einblicke in das Ökosystem gewonnen werden, ebenso bei Bootstouren auf dem Fluss mit Motorboot oder Kajak.

Die Bungalows sind weitläufig auf der Halbinsel verteilt, auf der sich früher eine Kokospalmenplantage befand. Beim Bau der Ferienanlage wurde das Raster der Kokosplantage übernommen, um so viele Palmen wie möglich zu erhalten. Mit den umgebenden Mangroven entsteht so der Eindruck, inmitten der Natur zu leben. Verbunden sind die verschiedenen Teile des »Ranweli Holiday Village« mit überdachten Wegen.

Das hoteleigene Ayurveda Center ist stilvoll in einem separaten Gebäude untergebracht. Die Gäste haben die Wahl zwischen einzelnen Elementen einer Kur oder kompakten Therapien. Ergänzt wird das Ayurveda-Angebot durch einen eigenen Kräutergarten. Den Gästen bietet sich zudem die Möglichkeit, sich in zwei Meditationsformen einführen zu lassen.

Das Hauptgebäude gliedert sich mit seiner am traditionellen Stil orientierten Bauweise harmonisch in die Anlage ein, auch wenn es im Veranstaltungsbereich etwas zu groß und unpersönlich geraten ist. Sehr intim hingegen wirkt das kleine Restaurant am Pool mit seiner offenen Konstruktion aus Palmstämmen und mit Blick auf Pool und Meer. Der kleine Pool lädt zum Baden und Relaxen ein, während der Strandbereich nur bei ruhiger See zum Baden geeignet ist.

Das »Eco Resort« erhebt den Anspruch auf umweltfreundliche Führung, indem die umgebende Natur geschützt wird und Ressourcen dank der Nutzung von Solarenergie geschont werden.

1 Das Ranweli Holiday Village ist nur mit einer Fähre zu erreichen. **2** Die Bungalows sind im weitläufigen Garten verteilt. **3** Pool und Bar liegen direkt am Meer. **4 und 6** Die schön gestaltete Ayurveda-Abteilung. **5** Sehr angenehm: die Deluxe-Bungalows.

Zeit für Ranweli Holiday Village***/****

Mehrfach mit Preisen für sein gelungenes Ökokonzept ausgezeichnetes Ferienhotel auf einer Halbinsel mit Ayurveda-Abteilung, Yoga- und Meditationsgruppen. Durch seine Lage in etwa 30-minütiger Entfernung zum Flughafen (18 km entfernt) eignet es sich bestens für die ersten oder letzten Tage einer Rundreise. Swimmingpool, Internetcafe, Exkursionen, Bootsausflüge, Naturbeobachtungen (u.a. Vögel, Schmetterlinge). Die Anlage besitzt einen hübschen Kräutergarten, der 120 unterschiedliche Pflanzen beinhaltet, die in Ayurveda- und Kräuterkuren zum Einsatz kommen. Das Restaurant bietet internationale und regionale Küche sowie vegetarische Speisen.

Waikkal, Tel. 031-2 27 73 59
E-Mail: ranweli@slt.lk
Website: www.ranweli.com

1

2

Diskreter Luxus – Haridra Resort and Spa by Jetwing

Auf der Hauptstraße von Colombo nach Süden reiht sich ein Dorf an das andere, der Eindruck einer endlosen Siedlung drängt sich einem auf. Doch wer bei Wadduwa, etwa 30 Kilometer südlich von Colombo, in Richtung Strand abbiegt, stellt erstaunt fest, dass die Bebauung sich tatsächlich auf zwei Häuserzeilen rechts und links der Straße beschränkt. Dahinter liegen nur noch vereinzelte Häuschen unter Palmen. Am endlosen Sandstrand sieht man nur Fischer und Boote. Von Massentourismus keine Spur. Wenige Hotels verteilen sich hier unauffällig im lang gezogenen Ort. Wer nicht ortskundig ist, hat bereits Schwierigkeiten, die Resorts überhaupt zu finden. Keine der »Rumpelpisten« weist auf die Existenz luxuriöser Unterkünfte hin.
Erst wenn man vor dem schweren Eingangstor zum »Haridra« steht, ist man sicher, auf dem richtigen Weg zu sein. Hinter der hohen Einfriedung erwartet die Gäste ein modernes Hotel in schlichtem, aber exquisitem Design. Ein Konzept, das sich von der Lobby über das Restaurant und die Ayurveda-Abteilung bis zu den Zimmern hin durchzieht. Moderner, unaufgeregter Luxus zeigt sich auch am palmengesäumten Strand, der sich direkt hinter dem lang gezogenen Pool erstreckt. Die Ayurveda-Abteilung nennt sich hier zwar Spa, bietet aber tatsächlich qualifizierte therapeutische Ayurveda-Anwendungen.
Im »Siddhalepa Ayurveda Health Resort« liegt, wie bereits der Name vermuten lässt, das Hauptaugenmerk auf der Ayurveda-Behandlung, die hier auf eine lange Familientradition trifft. Bereits der Großvater des heutigen Leiters der Siddhalepa-Gruppe, die neben dem Hotel auch ein Krankenhaus und eine Produktionsstätte für Ayurveda-Produkte umfasst, ließ sich zum Ayurveda-Arzt ausbilden. Das bedeutet nicht, dass hier auf Komfort verzichtet werden müsste. Anders als im »Haridra« setzt man in diesem Resort ganz auf natürliche Baumaterialien wie Lehm, Ziegel, Granit und Holz. Im Mittelpunkt steht die enge Verbindung mit der Natur. Das Gleiche gilt natürlich auch für die Zimmer mit Holzböden, die eine tolle Aussicht auf das Meer oder den Pool bieten. Das Konzept findet sich auch bei der Bewirtung wieder: Fast alle Zutaten wie frisches Gemüse, Obst oder Fisch stammen direkt aus der Region und werden in der ayurvedischen Küche verwendet.

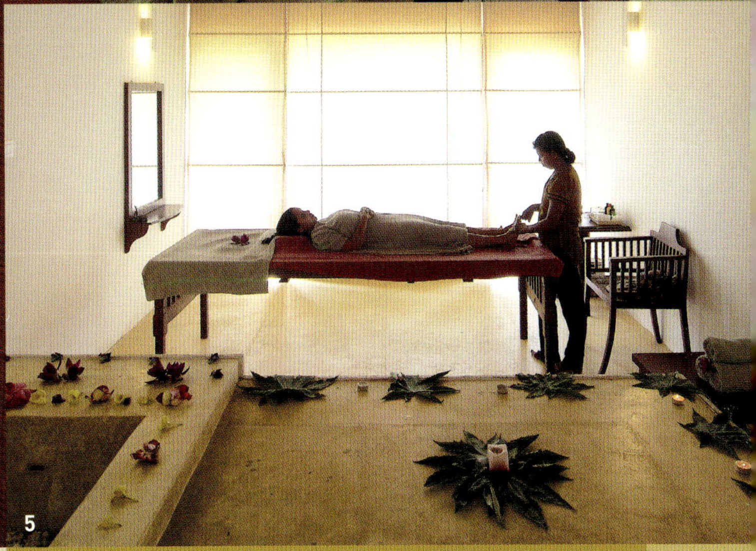

1 Ein Buddha im See – zu sehen in der Nähe von Wadduwa. **2** Das Haridra Resort besticht durch klare Linien und geschmackvolles Design. **3 bis 5** Traditioneller Ayurveda-Behandlung steht modernes Design im Haridra gegenüber.

Zeit für Haridra Resort and Spa by Jetwing****/*****

Das Resort bietet luxuriöse Unterkünfte mit klarem Design. Zu den Einrichtungen des Hauses gehören neben der Ayurveda-Abteilung ein schöner Garten mit Pool, Privatstrand. Ausgezeichnetes Restaurant.

921, Paralle Road, Pohodaramulla, Wadduwa, Tel. 038-2 28 56 10-17, E-Mail: info@haridraresort.com, Website: www.jetwinghotels.com

Zeit für Siddhalepa Ayurveda Health Resort***/****

Das etablierte Ayurveda-Resort kann auf eine langjährige Familientradition zurückblicken. Die Anlage bietet Strand, Pool und einen großen Garten. Die Gäste wohnen in traditionell eingerichteten Häuschen mit Klimaanlage, TV, Radio und anderen Annehmlichkeiten.

Siddhalepa Ayurveda GmbH, Weiterstädter Weg 23, 64331 Weiterstadt, Tel. 0 61 50-59 29 45, E-Mail: siddhalepa@web.de, Website: www.siddhalepa-ayurveda.de

1

2

3

Am Puls der Natur – Dalmanuta Gardens Ayurvedic Resort

Bei Bentota mündet der Bentota Ganga in den Indischen Ozean. Vor der Mündung bildet eine Schleife eine Lagune, von der aus Bootsausflüge flussaufwärts möglich sind. Die meisten Hotels in Bentota liegen im Bereich der Lagune und des Strandes. Ein kleines Stück den Fluss hinauf liegt inmitten eines großen Gartens das »Dalmanuta Gardens Ayurvedic Resort«. Pavillons mit schwedisch-rot gestrichenen Balken stehen auf Stelzen im Fluss. Diese Stelzen und das dahinter liegende Restaurant sind das einzige, was vom Boot aus vom Resort sichtbar ist.
Hier lässt es sich mit Blick über den weiten Fluss und die Mangroven in paradiesischer Ruhe speisen. Wer keine komplette Ayurveda-Kur gebucht hat, wählt die Speisen aus der umfangreichen Speisekarte. Wer sich hingegen ayurvedisch ernährt, kann die Zubereitung in der Küche beobachten und auch an Kochkursen teilnehmen.
Hinter dem Restaurant befindet sich der große Garten mit mehr als 200 verschiedenen Kräutern und Pflanzen, die in der ayurvedischen Medizin Anwendung finden. Zwischen Palmen, Sträuchern, Bambus und angelegten Teichen führen Spazierwege über das Grundstück. Die reiche Natur des Gartens und der Umgebung ist auch Heimat von Affen und Vögeln, Echsen und Fischen. Direkt an den Park schließt sich das Ayurveda-Zentrum an, in dem verschiedene Therapien, wie etwa Panchakarma, zur Entgiftung, angeboten werden. Ein solcher Entgiftungsprozess dauert durchschnittlich drei bis sieben Tage, wobei auf Fleisch, Alkohol, Nikotin, Kaffee und schwarzen Tee verzichtet werden muss. Nach der Entgiftung wird ein Ernährungsplan nach ayurvedischen Gesichtspunkten aufgestellt.
Die hübschen Bungalows sind im weitläufigen Garten unter Palmen verteilt. Hier muss auch nicht auf die lieb gewordenen Ablenkungen wie Internet und Fernsehen verzichtet werden – wer sich einer Ayurveda-Kur unterzieht, ist jedoch dazu aufgerufen, freiwillig Verzicht zu üben. Die 45 Quadratmeter großen Häuschen sind schlicht, aber ansprechend eingerichtet. Raum zum Entspannen bieten die Veranda und der eigene, durch Hecken abgegrenzte Garten, der zu jedem Bungalow gehört. Das Haus setzt nicht auf besonderen Luxus, sondern auf die Nähe zur Natur sowie auf Ruhe und Entspannung.

1 Wunderbar breit und lang ist der niemals überlaufene Strand bei Bentota. **2** Zum Wohlfühlen: Jeder Bungalow hat einen eigenen Garten. **3** Traumhaft, die Speisepavillons auf Stelzen im Bentota Ganga. **4** Zum Hotel gehört ein kleiner botanischer Garten. **5** Entlang der Küste finden sich versteckte, einsame Strände.

Zeit für Dalmanuta Gardens Ayurvedic Resort***

Schwedisch geführtes Resort in schöner Gartenanlage mit bezahlbarem Ayurveda-Angebot, darunter Anwendungen zur Reinigung, Entgiftung oder zum Gewichtsverlust sowie eine Vielzahl unterschiedlicher Massagen. Auf Gäste warten neun geräumige Bungalows. Im wunderschönen Park und in der Umgebung leben wilde Tiere wie beispielsweise Affen, Leguane, Eidechsen, Mungos und eine Vielzahl exotischer Vögel wie Kolibris und Eisvögel. Es gibt einen kleinen Swimmingpool, einen Gratis-Boot-Shuttle-Service zum Strand sowie ein Tourenangebot. Zehn Minuten dauert die Fahrt mit dem Tuk-Tuk zum Strand, eine Stunde über die Autobahn nach Colombo.

No 21 Meegama Road,
Warapitiya, Dharga Town – Bentota,
Tel. 077-3 43 44 34,
E-Mail: reservations@dalmanuta.com,
Website: www.dalmanuta.com

1

2

3

In natürlichem Einklang – Barberyn Reef Ayurveda Resort

Das »Barberyn Reef« gehört zu den Klassikern der Ayurveda-Bewegung. Seit mehr als 20 Jahren werden hier Gäste nach den ayurvedischen Prinzipien behandelt. Wer hierher kommt, wählt bewusst einen Aufenthalt ohne die alltäglichen Gifte und obligatorischen Ablenkungen. In den Zimmern gibt es weder Fernsehen noch Internet oder Klimaanlage. Völlige Ruhe und der Einklang mit der Natur werden hier gefördert, um das »Wissen um ein gesundes Leben«, was Ayurveda verkörpert, konsequent umzusetzen.

Aufgrund der langen Tradition als Ayurveda-Hotel besitzt das »Barberyn Reef« nicht den Glanz der moderneren Hotels. Das Dach der Lobby wird von hohen Betonstelzen getragen, zwischen den nah beieinanderstehenden Häuserblöcken wirkt der Garten etwas gedrängt. Die Zimmer sind eher klein und zum Teil schlecht belüftet, wohingegen die Bungalows zwischen Palmen direkt am Meer stehen. Ein Pluspunkt ist allerdings der Strand, der vor dem Meereswasser-Pool liegt. Da er von einem Korallenriff geschützt wird, bietet er sich geradezu an zum Schwimmen – allerdings wird er auch stark von Händlern frequentiert.

Das »Heritance Ayurveda Maha Gedara« liegt derweil abgeschieden in einer weitläufigen Parkanlage. Die großzügige Anlage wurde von Sri Lankas Stararchitekten Geoffrey Bawa entworfen und im Jahr 2012 komplett renoviert. Seine Architektur schafft einerseits großzügige Weite, andererseits überall intime Ecken. Der weite Blick über den Pool zum Meer lässt sich auch im Speisebereich genießen. Eine überdachte Terrasse und ein Restaurant, dessen Fensterfront sich über die ganze Länge öffnen lässt, schafft einen gleitenden Übergang zwischen drinnen und draußen. Verstärkt wird der Eindruck noch dadurch, dass der Pool bis in den überdachten Teil hineinreicht. Auf den Tisch des Hauses kommen ausschließlich Ayurveda-Speisen, allerdings wird auf eine rein vegetarische Küche verzichtet.

Die ebenfalls großzügig geschnittenen Zimmer sind um den Pool herum angeordnet und mit allem Komfort versehen. Einen eigenen Bereich nimmt der Ayurveda-Trakt ein. Qualifizierte Ayurveda-Ärzte überwachen die Anwendungen. Die meisten Gäste buchen ein komplettes Ayurveda-Programm. Möglich ist aber auch ein Wellness-Programm mit nur wenigen Anwendungen täglich.

1 Direkt am Meer liegen die Bungalows im Barberyn Reef. **2** Großzügig gehalten ist das Heritance Ayurveda Maha Gedara. **3** Das Barberyn Reef gehört zu den ersten Ayurveda-Hotels Sri Lankas. **4** Edel präsentiert wird das Ayurveda-Essen im Maha Gedara. **5** Ayurvedische Tees gibt es am Pool des Barberyn Reef. **6** Die Zimmer im Barberyn Reef sind zweckmäßig und behaglich eingerichtet.

Zeit für Barberyn Reef Ayurveda Resort***

Seit Gründung vor 20 Jahren hat das direkt am Meer liegende Resort einen ausgezeichneten Ruf. 75 größtenteils renovierte und neugestaltete Unterkünfte, hübsche Cottages, davon einige auf Stelzen. Je nach Lage und Kategorie verfügen sie über Terrasse oder Balkon und haben entweder Blick auf den Ozean oder den Garten.

Beruwela, Tel. 034-2 27 60 36, E-Mail: info@barberyn.lk, Website: www.barberynresorts.com

Zeit für Heritance Ayurveda Maha Gedara****

Das großzügig angelegte und sehr gepflegte Hotel liegt im Grünen und in unmittelbarer Nähe des Strandes. Die Zimmer sind geräumig und ruhig, der Service freundlich und zuvorkommend.

Moragalle, Beruwela, Tel. 034-5 55 50 00, E-Mail: res.amg@heritancehotels.com, Website: www.heritancehotels.com/ayurvedamahagedara

1

2

3

4

Der Hahn auf dem Felsen

Galle

Wer den Namen Galle entschlüsseln will, gerät leicht in die Irre. Weder hat er etwas mit der deutschen Galle zu tun (und wird auch nicht so ausgesprochen, sondern wie *gohl*, mit dem ›o‹ tief in der Kehle) noch mit dem Hahn, Gallo, der heute Galles Wappen schmückt. Der Name kommt stattdessen vom singhalesichen Begriff *gala* (Felsen).

Auf einer felsigen Halbinsel liegen das Fort und die Altstadt, eine Mischung aus asiatischer Gegenwart und europäischer Kolonialvergangenheit. Doch Galles Vergangenheit als Handelsplatz reicht noch viel weiter zurück. Die Stadt soll sogar der sagenhafte Hafen Tarschisch sein, von wo aus König Salomon Elfenbein, Pfauen und Edelsteine bezogen haben soll.
Die Portugiesen eroberten Galle im 16. Jahrhundert, mussten ihre Festung aber 1640 an die Niederländische Ostindien-Kompanie übergeben. Diese kontrollierte mit ihren Schiffen den Gewürzhandel, wobei Galle ein wichtiger Stützpunkt war. Die heutigen Tore und Festungsanlagen wurden damals angelegt und unter britischer Herrschaft fast unverändert übernommen.
Der Zugang zum Fort erfolgt durch das Neue Tor. Hinter den mächtigen Mauern findet sich vor allem Bausubstanz vom Ende des 18. und Anfang des 19. Jahrhunderts. Wo vor einigen Jahren nur bröckelnde Fassaden zu sehen waren, wird heute daran gearbeitet, die alten Fassaden aufzupolieren. Galle verwandelt sich mehr und mehr in ein Freilichtmuseum, seitdem die Altstadt 1988 zum UNESCO-Weltkulturerbe erklärt wurde.
Noch sieht man heruntergekommene Bauten neben solchen, die im neuen Glanz erstrahlen. Es ist abzusehen, dass sich die Altstadt in nicht zu ferner Zukunft komplett in ein touristisches Areal verwandeln wird. Das ehemalige Gebäude der Fort-Druckerei beherbergt heute das Hotel »The Fort Printers« mit einer Galerie im Foyer. Auch das »Galle Fort Hotel« lockt mit einer offenen Veranda zum Verweilen. Dort ertönen stilecht alte Jazz-Aufnahmen, werden Drinks und Snacks serviert, dahinter schmücken Antiquitäten den Eingang, findet sich im Innenhof der Kolonialgebäude der Pool. Oberhalb des »Galle Fort Hotel« liegt auf einer Erhebung das »Amangalle«, das im ehemaligen »New Oriental« von 1863 residiert – und damit das älteste Hotel Asiens ist!

1 Im nahen Unawatuna lockt der Strand. **2** Der Leuchtturm thront auf der Utrecht Bastion im Süden der Festung. **3** Händler beim Schleifen von Mondstein, einem begehrten Schmuckstein, der in Sri Lanka abgebaut wird. **4** Zum abendlichen Bummel lockt der breite Festungswall.

1 Blick über die Dächer aus dem ehemaligen Oriental Hotel in Galle Fort. **2** Mächtige Mauern am Main Gate im Nordteil der Festung. **3** Nicht nur in Galle wird Obst und Gemüse lieber auf der Straße als im Geschäft gekauft. **4** Braut vor dem Fototermin. **5** Der Fischmarkt am Hafen vor dem Old Gate. **6** Das Fortalezza: ein schönes Restaurant in alten Gemäuern.

Die Aufzählung edler Etablissements ließe sich fortsetzen. Noch aber finden sich bröckelnde Mauern und leer stehende Gebäude. Trotz der Auszeichnung als Weltkulturerbe hat die Altstadt nicht wirklich viel zu bieten. Am schönsten ist es, abends durch die Gassen zu schlendern und die Runde über die Befestigungsmauern zu machen. Auf der mit Gras bewachsenen flachen Kuppe der Mauern am südlichen Ende der Halbinsel zwischen Flag Rock und Utrecht Bastion spielen Kinder Fußball, flanieren Einheimische und Besucher, blinkt ein paar Meter weiter der Leuchtturm, während unterhalb der Mauern der Muezzin zum Gebet ruft. Die gläubigen Muslime strömen in eine Moschee, der man deutlich ansieht, dass sie einst als Kirche erbaut worden war. Den breiten Wällen hat die Zeit nicht viel anhaben können. Die Mauern wurden auch nie geschleift, was die Altstadt beim Tsunami 2004 vor größeren Zerstörungen bewahrt hat. Der Flaggen-Felsen diente einst als Posten,

von dem aus den einlaufenden Schiffen mit Flaggen der Weg zwischen Korallenbänken und Felsen signalisiert wurde. Einst stand hier auch der erste Leuchtturm Asiens, der aber im Zweiten Weltkrieg zerstört wurde. Vom Leuchtturm zur nördlich am Hafen gelegenen Zwart-Bastion ist die Mauer weniger eindrucksvoll, mussten potenzielle Angreifer hier doch schon die Einfahrt in die Bucht in Reichweite der Geschütze passiert haben.

In der nordöstlichen Ecke der Altstadt liegt das historische Gebäude des Distriktsgerichts, an einem Platz, der von mächtigen Akazien umstanden ist. Von hier sind es nur wenige Meter zum Old Gate mit seinem dunklen Tunnel, der in holländischer Zeit der einzige Zugang zur Stadt war. Das mächtige Main Gate, das am Nordende zur Neustadt zeigt, entstand erst unter britischer Herrschaft.

Innerhalb der Mauern sieht man, wie sich die europäische Architektur an die klimatischen Gegebenheiten Sri Lankas anpasste: Weite Straßen, die mit Portiabäumen bepflanzt wurden, werden von Häuserzeilen gesäumt. Jedes Haus hat offene Veranden unter von Säulen getragenen Dächern und einen eigenen Garten. In einigen der schönsten dieser Häuser laden jetzt Restaurants und Cafés in Innenhöfen oder auf Dachterrassen zu einer Verschnaufpause ein.

Zeit für Galle

Anreise und Reisezeit

Der Bandaranaike International Airport liegt ca. 145 km nördlich der Stadt. Zugverbindungen nach Colombo und weiter in den Süden nach Matara. Zahlreiche Busse fahren etwa alle 15 Minuten in knapp drei Stunden nach Colombo. Busse verkehren auch in den Süden und Osten des Landes.

Beste Reisezeit: Für den Südwesten Sri Lankas im europäischen Winter. Von Dezember bis März fallen die wenigsten Niederschläge, und das Meer ist ruhig. Während des Südwest-Monsuns von Juni bis Oktober kann das Meer sehr rau sein, heftige und ausdauernde Regenfälle sind dann keine Seltenheit.

Unterkunft

Galle Fort Hotel*/****** Stilvolles Boutique-Hotel im Herzen der Altstadt. 28, Church Street, Fort Galle, Tel. 091-2 23 28 70, E-Mail: info@galleforthotel.com, Website: www.galleforthotel.com

Tartaruga Beach Restaurant and Hotel Keine Sterne, dafür Top-Strandlage in Unawatuna, Restaurant am Sandstrand und im Obergeschoss einer luftigen Holzkonstruktion. Gerichte mit mediterranem Charakter. Yaddehemulla Road, Unawatana Beach, Tel. 091-4 92 71 16, E-Mail: tartarugaresort@gmail.com, Website: www.tartarugahotel.com

Sehen und erleben

Die historische Altstadt mit ihren Gebäuden aus der Kolonialzeit. Einkehren in stilvollen Cafés und Restaurants. Spaziergang von der Moon Bastion auf dem breiten Schutzwall zum Flag Rock im Süden.

Ziele in der Umgebung

Da Galle selbst keine richtigen Strände hat, ist der wunderschöne Strand von Unawatuna mit seinen vielen Restaurants das Ausflugsziel Nummer eins. Ausflüge zur Delfin- und Walbeobachtung lassen sich auch von Galle aus machen, wobei die Gäste allerdings erst nach Mirissa gebracht werden müssen.

Nur 17 km von Galle entfernt liegt der Regenwald Kottawa Forest Reserve. Hier kann man sich einen guten Eindruck von der Vielfalt des Regenwaldes verschaffen.

Auskunft

www.srilanka.travel,
www.srilankatourism.de,
www.urlaub-srilanka.com

1

2

Neuer Glanz in altem Gemäuer – Amangalla Resort

Understatement ist alles: Das vornehmste Haus am Platz hat es noch nicht einmal nötig, ein Schild an der Fassade zu haben. Der mehrstöckige Kolonialbau empfängt Besucher mit einer offenen Veranda, auf der sich sehr gepflegt der High Tea einnehmen lässt. Geschützt von der Balustrade, genießt der Besucher den Blick auf die ruhige Straße und die hohen Bäume vor der Stadtmauer. Auch wer nicht im Hotel wohnt, ist eingeladen, an den Tischen Platz zu nehmen, um Kaffee und Kuchen oder eine Mahlzeit zu sich zu nehmen.

Hinter der Veranda zieht sich der Zaal, die große Halle, durch die ganze Länge des Hauses. Edle Kolonialmöbel unter hohen Decken, Leuchter und Ventilatoren verleihen dem großen Saal eine anheimelnde Atmosphäre.

Mitten in der Altstadt und doch am Rande gelegen – was auf der kleinen Halbinsel nicht wirklich schwer ist. Das »Amangalla« residiert im »New Oriental Hotel«, das 1863 erbaut wurde und auf dem höchsten Punkt der Altstadt liegt. 2005 wurde es nach aufwendigen Restaurierungsarbeiten wiedereröffnet. Dabei wurden ehemalige Kontore und Lagerhäuser, die eine Seite säumten, in das Gebäude integriert. So wurde Platz geschaffen für einen großzügigen Ayurveda-Bereich. Das Spa wird schlicht als »The Baths«, die Bäder, bezeichnet. Ein Gang mit fünf Bögen führt in die ehemaligen Lagerräume, die heute fünf Behandlungsräume beherbergen. Wer sich einer Ayurveda-Kur oder -Behandlung unterziehen will, wird im vorgelagerten Konsultationszimmer empfangen.

Ein weiterer Rückzugsort ist die Bibliothek. Die Geschichte der Stadt spricht nicht nur aus den Folianten und Bildbänden, sie wird in dem alten Gemäuer zwischen dunklen Holzmöbeln und unter surrendem Ventilator nahezu greifbar. Von der Bibliothek führt ein überdachter Gang vorbei am romantischen Gartenhaus in den tropischen Garten – eine Oase der Ruhe. Hinter hohen Mauern ist der Gast hier völlig abgeschirmt von der Umwelt; das Leben der Stadt dringt höchstens als ferner Schatten in das Grün des Gartens. Im hinteren Teil des Gartens, beinahe versteckt, befindet sich ein Swimmingpool mit schattigen Ruheplätzen, ohne Rutschen und anderen Schnickschnack, gerade richtig, um nach einem Ausflug den Tag ausklingen zu lassen.

1 Mit Klangschalen wird der Gast auf die Ayurveda-Behandlung vorbereitet. **2 und 3** Im großen Saal lässt sich gepflegt der High Tea einnehmen. **4** Dezent zurückhaltend: der Eingang des Amangalla. **5** Purer Luxus: Zimmer im Garden House.

Zeit für Amangalla Resort Hotel*****

In der historischen Altstadt von Galle gelegenes Hotel mit viel kolonialem Flair im restaurierten Bau des einstigen »New Oriental Hotel«. Die Zimmer haben hohe Decken und Dielenböden, sind mit Kolonialmöbeln ausgestattet und verfügen über alle modernen Annehmlichkeiten wie Internet, HiFi-Anlage, Fernseher etc. Erstklassige Ayurveda-Abteilung mit geschultem Personal und Kuren mit einer Dauer von drei bis 14 Tagen. Yoga und Meditation mit Anleitung, Schönheitssalon, Swimmingpool und ein exquisites Restaurant. Ausflüge zur Delfin- und Walbeobachtung. Wer nicht hier wohnt, sollte wenigstens auf eine Tasse Tee vorbeischauen.

10 Church Street, Fort Galle,
Tel. 091-2 23 33 88,
E-Mail: amangalla@amanresorts.com,
Website: www.amanresorts.com/amangalla/home.asp

1

2

3

Wie ein gestrandetes Schiff – Jetwing Lighthouse

Vom Meer aus sieht das Hotel aus wie ein auf Grund gelaufenes Schiff. Etwa zwei Kilometer nördlich von Galle thront der mächtige Bau – entworfen vom Stararchitekten Geoffrey Bawa – auf einem Felsen. Bawas Verständnis von der Verbindung von großzügigen, weiten Ausblicken, moderner Linienführung und intimen Details bestimmt auch dieses Bauwerk.

Schon der erste Blick in die Rotunde, durch die der Gast zu den Zimmern emporschreitet, sorgt für eine Überraschung: Scheinbar schwerelos schwebt die Treppe in einem Treppenhaus, das an mittelalterliche Türme erinnert; das Geländer schmücken bizarre Metallskulpturen, die die portugiesische Invasion im Jahre 1505 zeigen: absurd anmutende Darstellungen von Soldaten in Rüstung und Pferden mit flatternder Mähne.

Aus dem dunklen Treppenhaus tritt der Gast ins Licht der weitläufigen Empfangshalle, die sich zu Terrasse und Restaurant hin mit großartigem Meerblick öffnet. Mit Blick auf die Brandung, die sich unterhalb an den Felsen bricht, wird der Welcome Drink gereicht. Bereits auf den ersten Blick wird klar: Dies ist der perfekte Platz, um später einen Sundowner einzunehmen.

Hinter der Rezeption öffnet sich ein Innenhof, dessen sattgrüner Rasen mit den ockerfarbenen Wänden kontrastiert. Farben und Lichtspiele erinnern an marokkanische Kasbahs. Passend dazu findet sich auch eine im maurischen Stil gehaltene Suite. Die Zimmer lassen mit schweren Teakholzmöbeln und dunklem Holzböden vergessen, dass das Hotel erst 1997 erbaut wurde und man sich hier nicht etwa in einem Bau aus der Kolonialzeit befindet.

An das Hauptgebäude grenzt der Swimmingpool an, mit Blick durch tropische Pflanzenvielfalt auf den Ozean. Ein weiterer großer Pool liegt unterhalb des Hotels, umgeben von einer großen Rasenfläche. Abgeschlossen wird die Fläche durch die ockerfarbene Wand des intim wirkenden Spa-Gebäudes.

Wem es nicht zu heiß ist, der kann sich bei Sportarten wie Tennis oder Squash vergnügen oder sich die Füße am Strand vertreten. Zum Baden lädt das Meer hier allerdings nicht unbedingt ein, da die Brandung oft zu rau ist. Nach einem Strandspaziergang lockt das »Cardamom Café«, wo man bei herrlicher Aussicht erlesene Gerichte genießen kann.

5

6

4

Zeit für Jetwing Lighthouse****/*****

Das Aushängeschild der Jetwing-Hotels lässt es an keinem Komfort fehlen. Eindrucksvoll thront das vom Architekten Geoffrey Bawa gestaltete Haus auf einer Felskuppe über dem Strand. Alle Zimmer haben Balkon mit Meerblick. Vier exzellente Restaurants verwöhnen den Gaumen, zwei große Pools laden zum Baden, Sonnenbaden und Entspannen ein. Im exklusiven Ayurveda-Spa können die Gäste unter verschiedensten Massageformen und Therapien wählen. Das Hotel liegt ungefähr 115 km südlich von Colombo, die Fahrt vom und zum Flughafen dauert zweieinhalb Stunden.

Dadella, Galle,
Tel. 091-2 22 37 44,
E-Mail: resv.lighthouse@jetwinghotels.com
Website: www.jetwinghotels.com/jetwinglighthouse

1 und 2 Der obere Pool liegt an der Bar mit schönen Blick aufs Meer, während der untere von einer weitläufigen Rasenfläche umgeben ist. **3** Umwerfend der Blick in das von Geoffrey Bawa gestaltete Treppenhaus. **4** Im Restaurant kommen die Speisen kunstvoll angerichtet auf den Teller des Gastes. **5** In der Ayurveda-Abteilung. **6** Koloniale Atmosphäre prägt die in dunklem Holz gehaltenen Zimmer.

1

2

3

Meerblick inklusive – The Fortress Resort & Spa

Schon auf den ersten Blick macht »The Fortress Resort & Spa« seinem Namen alle Ehre: Von der Straße aus ist nur seine monumentale, geschlossene Fassade zu sehen, die tatsächlich einem Fort nachempfunden ist. Durchschreitet man aber das mächtige Tor, wandelt sich der Eindruck komplett. Denn dahinter fällt der Blick auf ein traumhaft am Meer gelegenes Resort, und die Außenwelt mitsamt der Geräuschkulisse der Straße bleibt weit hinter einem zurück. Die luxuriöse Anlage lockt zum Entspannen an den Pool mit Blick auf den glitzernden Ozean, der an diesem Küstenabschnitt mit seiner starken Brandung jedoch nur bedingt zum Baden einlädt. Wer dennoch im Meer schwimmen möchte, kann dies in Unawatuna oder Mirissa tun, wo Baden und Surfen in geschützten Buchten möglich ist.

Das Innere des Hauses ist ansprechend im tropisch-kolonialen Stil gestaltet. Durch die nur zweistöckige Bauweise wirkt die Anlage mit ihren rund 70 Zimmern und Suiten kein bisschen klotzig. Die komfortabel ausgestatteten Zimmer sind großzügig dimensioniert, gehen zum Meer hinaus und haben entweder einen Balkon oder eine Terrasse.

Das Spa des »Fortress Resort« bietet Ayurveda-Behandlungen, Massagen, Dampfbäder und Wellness der konventionellen Art. Die Anwendungen werden allerdings nur einzeln angeboten, nicht wie in spezialisierten Häusern als mehrwöchige Kuren.

Das kurz hinter Unawatuna gelegene Hotel »Era Beach«, das zur Jetwing-Kette gehört, mutet mit seinen nur acht Zimmern vielmehr wie eine wunderschöne Villa an, nicht wie ein Hotel. Komplettbuchungen, etwa für Hochzeiten oder andere Feierlichkeiten, sind hier an der Tagesordnung.

Hinter dem Haupthaus befindet sich der intim wirkende Poolbereich, der von Bar und Speiseraum gesäumt wird. Idyllische Veranden unter roten Ziegeldächern laden zum genussvollen Verweilen ein, Lounge und Speisebereich warten mit traumhafter Atmosphäre auf. Vor dem Palmenhain breitet sich der Strand aus, auch hier lädt das Meer wegen der starken Brandung nicht zum Baden ein. Wer Ayurveda-Anwendungen möchte, muss ins »Jetwing Lighthouse« fahren, im »Era Beach« gibt es nur Entspannung, die dafür in Reinform.

5

1 Im Era Beach gruppieren sich die Zimmer der herrschaftlichen Villa um den Pool. **2** Bedingt durch die wenigen Zimmer haben die Gäste praktisch einen privaten Garten und Strand. **3 bis 5** Im Fortress gibt es einen schön gestalteten Ayurveda-Bereich.

Zeit für The Fortress Resort & Spa*****

Luxushotel in traumhaft schöner Lage, mit herrlichem Pool vor eindrucksvoller Strandkulisse. Großzügig geschnittene und elegant ausgestattete Zimmer mit Balkon oder Terrasse. Spa mit Ayurveda-Anwendungen, aber auch Wellness. Zuvorkommendes Personal.

**P.O. Box 126, Galle Road, Koggala,
Tel. 091-4 38 94 00, E-Mail: info@thefortress.lk,
Website: www.fortressresortandspa.com**

Zeit für Era Beach by Jetwing****

Schöner Wohnen in einer bezaubernden Villa im Landhausstil. Zimmer mit Garten- oder Meerblick. Hübscher kleiner Pool vor palmengesäumtem Strand. Gutes Restaurant mit kreativer Küche, makelloser Service. Keine Ayurveda-Anwendungen.

**No-834, Galle Road, Talpe, Galle, Tel. 091-2 28 23 02,
E-Mail: resv.era@jetwinghotels.com,
Website: www.jetwinghotels.com**

1

2

3

4

Weites Land hinterm Strand

Tief im Süden Sri Lankas

Erst langsam wird der tiefe Süden der Insel durch Schnellstraßen und Flughafen besser erschlossen. Diesem Umstand hat diese Region ihren besonderen Zauber zu verdanken. Nur wenige Orte können mit einer touristischen Infrastruktur aufwarten. Dafür locken endlose Traumstrände und üppige Natur.

Die erste wunderschöne Strandbucht liegt nur wenige Kilometer östlich von Galle. An der Straße ist Unawatuna schnell passiert, doch ein Abstecher zur halbmondförmigen Bucht lohnt sich. Am westlichen Ende des weitläufigen Sandstrandes erhebt sich die strahlend weiße Wella Devala Dagoba. Am Strand reihen sich Strandrestaurants und Hotels aneinander. Einheimische Beachboys unterrichten Touristen im Windsurfen, doch die meisten der Gäste geben sich dem süßen Nichtstun hin und genießen Sonne, Sand und Meer.

Ähnlich sieht es in der nahezu perfekten Bucht von Mirissa aus. Hier sind die Unterkünfte noch dezenter zwischen den Palmen errichtet, liegen die Restaurants noch malerischer am Strand. Beim Spaziergang am feinen Sandstrand meint man, als gäbe es nur Palmen und Bäume hinter dem Strand – was vor zehn Jahren auch noch an vielen Stellen der Fall war. Mittlerweile ist jede Parzelle erschlossen. Doch da alles eher kleine Hotels sind, ist der Bummel am Strand kurzweilig. Die Restaurants sind in schlichten Holzkonstruktionen untergebracht und locken mit frischen Fischgerichten, die abends direkt am Strand serviert werden.

An der Küste verteilt liegen die größeren und luxuriöseren Hotels, die sich oft als Ayurveda-Hotels einen Ruf erworben haben wie das »Paragon«, »Barberyn Beach« und viele mehr. Hier im Südwesten der Insel gehen auch die berühmten Stelzenfischer ihrem Handwerk nach. Vor der Küste ziehen im Winter Wale und Delfine vorbei. Vom Hafen in Mirissa fahren dann jeden Morgen zahlreiche Boote hinaus, um Touristen dieses Naturschauspiel zu zeigen.

Im äußersten Süden Sri Lankas und damit des Indischen Subkontinents liegt Dondra. Diesen Punkt markiert der mit 54 Metern höchste Leuchtturm Sri Lankas, Dondra Head. Mangels Klippen will hier aber kein Lands-End-Gefühl aufkommen. Das hat man dafür auf den Felsen bei Kirinda ein Stück weiter im Osten. Auf den Granitkuppen, die hier an der Küste aufragen, liegen ein buddhistischer

1 Weiter Sandstrand östlich von Tangalle. **2** Spektakulärer Tempel in Dikwella. **3** Fischer reinigen nach dem Fang ihre Netze. **4** Östlich von Tangalle finden sich weite, unberührte Strände.

1 Reiher sind sozusagen die Tauben Sri Lankas. **2** Kokospalmenhain bei Kirinda. **3** Der Yala-Nationalpark ist zu Recht für seinen Wildreichtum berühmt. **4** Beeindruckende buddhistische Reliefs in Buduruwagala. **5** Jeep-Safaris in die Nationalparks sind ein »Muss« bei einer Reise nach Sri Lanka.

und ein hinduistischer Tempel. Wer hier den Sonnenuntergang genießt, kann dies im Wissen tun, dass zwischen dem Südende Sri Lankas und der Antarktis kein Land mehr liegt, nur die unendliche Weite des Indischen Ozeans. Unterstützt wird dieses erhabene Gefühl durch die nahe gelegenen Nationalparks Bundula und Yala. Herumstreifende Elefanten sind hier keine Seltenheit, Affen, Vögel und Warane gehören zum Alltag.

Der Bundula-Nationalpark lockt vor allem im Winter mit 58 Zugvogelarten Ornithologen an. Der Yala-Nationalpark ist der bekannteste und beliebteste in ganz Sri Lanka. Rund 40 Kilometer Piste erschließen den Park für Jeep-Safaris. Mit etwas Glück trifft man auf Elefantengruppen, nur mit ganz viel Glück bekommt man Leoparden zu Gesicht, ganz sicher aber tropische Vögel, Wild und Affen.

In dieser Region lag einst das Königreich Ruhana, das einzige bedeutende Königreich im Süden der Insel. Aus dieser Zeit vor mehr

als eintausend Jahren stammen die großen Wassertanks der Region, die auch zum Vogelreichtum hier beitragen. Neben den großen Dagobas lockt Tissamahera auch mit Bootsausflügen auf dem Tissa Wewa. Große Bäume im See bieten Tausenden von Vögeln Nist- und Rastplätze.
Von Kirinda oder Tissa sind es nur einige Kilometer zum heiligen Ort Kataragama, ein bedeutender Pilgerort zu Ehren der gleichnamigen Gottheit für Buddhisten, Hindus und Moslems. Jedes Jahr zum Juli-/August-Vollmond findet hier ein zehntägiges Fest statt, ähnlich der Perahera in Kandy. Bis zu vier Wochen sind dann Pilger aus dem Norden der Insel barfuß nach Kataragama unterwegs. Die Umzüge hier sind noch viel ursprünglicher und weniger von Touristen besucht als in Kandy. Zahlreiche geschmückte Elefanten, Trommler, Tänzer und Jongleure nehmen an der Prozession teil, die in den zehn Tagen vor dem Vollmond täglich stattfindet. Den ganzen Tag über strömen Pilger zu den Tempelanlagen. Hindu-Gruppen laufen unter Selbstkasteiungen laut singend über das Gelände, und mitten in der Nacht wird Kohle auf einem zehn Meter langen Brett zum Glühen gebracht: Um mit dem Feuerlauf ihre besondere Glaubensstärke zu demonstrieren, laufen dann Männer wie Frauen über die heißen Kohlestücke ...

Zeit für den Süden

Anreise und Reisezeit

Ankunft am Bandaranaike International Airport. Im Frühjahr 2013 wurde bei Hambantota der Mattala Rajapaksa International Airport eingeweiht, Sri Lankas dritter internationaler Flughafen. Zugverbindungen nach/ab Matara. Ca. fünf bis sechs Stunden mit dem Bus ab Bandaranaike International Airport. Busse fahren von Matara, Tangalla, Hambantota und Tissamahera nach Osten und ins Bergland. Ebenfalls Busse in den Süden des Landes.
Beste Reisezeit: Für den Süden Sri Lankas im europäischen Winter. Von Dezember bis März fallen die wenigsten Niederschläge, und das Meer ist ruhig. Während des Südwest-Monsuns von Juni bis Oktober wird es, je weiter östlich man an die Südküste kommt, immer trockener.

Sehen und erleben

Jenseits der endlosen Traumstrände gibt es etliche Nationalparks im Süden Sri Lankas, die zur Natur- und Tierbeobachtung einladen. Vor der Küste schwimmen Wale und Delfine, die in Mirissa von November bis April beobachtet werden können. Die Bootstouren starten in Mirissa und dauern etwa drei bis fünf Stunden. Wenn das Wetter mitspielt, ist die Chance groß, sogar die größten Säugetiere der Welt, Blauwale, zu sehen.
Ein Anziehungspunkt im Hinterland ist der 320 Quadratkilometer große Uda Walwale National Park, der für seinen Elefantenreichtum bekannt ist. Spätestens zur Abenddämmerung sieht man die Dickhäuter, wie sie zu den Wasserstellen ziehen.

Ziele in der Umgebung

Südlich des Zentralen Berglandes liegt das Schutzgebiet Sinharaja Forest Reserve, wo noch intakter Regenwald zu sehen ist. Geführte Wanderungen in den Regenwald und zu Wasserfällen sind möglich. Einige Unterkünfte, wie die »Sinharaja Rainforest Ecolodge« (siehe Seite 160 f,) bieten gepflegte Übernachtungsmöglichkeiten.

Auskunft

www.srilanka.travel,
www.srilankatourism.de,
www.urlaub-srilanka.com

5

1

2

3

Perfektes Hideaway – Barberyn Beach Ayurveda Resort

An der Hauptstraße weist nur ein unscheinbares Schild zum Hotel. Umso größer ist dann die Überraschung, wenn man das Eingangstor des »Barberyn Beach Ayurveda Resort« passiert hat. Denn dahinter wartet eine großzügig in eine weitläufige Parklandschaft eingebettete Anlage.
In einem offenen Pavillon mit Internet-Lounge und herrlichem Blick aufs Meer liegt die Rezeption – modern gestaltet und harmonisch in die Natur integriert. Hier erkennt man deutlich eine Fortentwicklung des Konzeptes des Schwesterhotels »Barberyn Reef« in Beruwala. Während dort noch Zweckmäßigkeit dominiert, stehen im »Barberyn Beach« Ayurveda-Behandlung, Schönheit und die Integration in die üppige Natur im Vordergrund. Das wird bereits beim morgendlichen Gang zur offenen Meditationshalle deutlich. Kokospalmenstämme tragen ein Dach aus Palmblättern zum Schutz vor Sonne oder Regen. Die Stille wird nur durch das Rauschen der Brandung und das Gezwitscher der Vögel unterbrochen. Ebenfalls auf einem Hügelrücken über Strand und Klippen liegt der Meereswasserpool auf einer Terrasse. Der kleine Strand unterhalb wird zwar von einem vorgelagerten Riff geschützt, ist aber nicht ideal zum Baden. Auf der anderen Seite des Felsvorsprungs breitet sich ein weiterer Strand aus, an dem morgens Stelzenfischer kleine Fische aus dem Wasser ziehen.
Selbst vom Restaurant, im fünften Stock des Ayurveda-Zentrums, sieht man fast nur Grün. Zwischen hohen Bäumen hindurch schweift der Blick auf den benachbarten, begrünten Gebäudetrakt, der die Zimmer beherbergt. Auch in den Deluxe-Zimmern herrscht das Prinzip »Schöner Wohnen« vor: Mit hübschen Holzmöbeln bestückt und bunten Akzenten versehen wird Wohlfühlen hier leicht gemacht.
Fast könnte man angesichts von so viel Schönheit vergessen, dass man Kurgast ist. Da fast ausschließlich Ayurveda-Gäste im Resort weilen, steht die Behandlung natürlich im Zentrum des Geschehens. Nach der Diagnose durch einen Ayurveda-Arzt erfolgt die Aufstellung eines Therapie-Programmes. Dazu gehören neben Massagen und Anwendungen Yoga und Meditation sowie geistige Bewusstwerdung nach buddhistischer Lehre. Die Öle und sonstigen Heilmittel werden übrigens in der hauseigenen Apotheke hergestellt.

5

Zeit für Barberyn Beach Ayurveda Resort****

Nicht weit von Weligama und Mirissa entfernt gelegenes, wunderbar in eine Parkanlage eingebettetes Resort mit umfassendem ayurvedischem Angebot. Idyllische Lage, Strand eher mäßig. Wer eine authentische Ayurveda-Kur machen möchte, ist hier richtig. Klimaanlage gegen Aufpreis möglich, allerdings nicht erwünscht, da sie den Kurerfolg gefährdet. Ein Team speziell ausgebildeter Mitarbeiter (Ärzte, Therapeuten, Akupunktur-Spezialisten und Fachpersonal zur Herstellung der Medizin), steht den Gästen im Ayurveda-Gesundheitszentrum zur Verfügung. Yoga und Meditation. Zimmer in drei Kategorien: Standard, Deluxe und Studio Deluxe.

Kapparatota, Weligama MH81000,
Tel. 041-2 25 29 94,
E-Mail: beachresort@barberyn.lk,
Website: www.barberynresorts.com

1 Versteckt im Grün: Gebäude des Barberyn Beach. **2** Meditationshalle im Grünen. **3** Unterhalb des Hotels sind am Morgen Fischer beim Fang zu sehen. **4** Sehr schön: Deluxe-Zimmer mit Himmelbett. **5** Im Barberyn Beach werden die Ayurveda-Medikamente traditionell zubereitet.

1

2

3

Relaxen unter Palmen – Vattersgarden Ayurveda Resort

Abgeschottet vom Rest der Welt, nahe der Südspitze Sri Lankas und umgeben von Palmenhainen und Fischerdörfern, liegt »Vattersgarden«. Vor dem Resort breitet sich ein langer Sandstrand aus, an den sich außer ein paar Fischern kaum jemand verirrt. Hervorgegangen ist das Resort aus einem Ayurveda-Garten in einer Palmenplantage, in die die Bungalows des Resorts integriert wurden. Der ungewöhnliche Name hat seinen Ursprung im Bayerischen Wald; in Haidmühle ist der Stammsitz des Hotels. Wer für Ayurveda nicht um die halbe Welt fliegen will, kann seine Panchakarma-Kur auch im Haidmühler Hof durchführen.

»Vattersgarden« ist ein reines Ayurveda-Kur-Resort, hat nur wenige Zimmer und Chalets und ist eingebettet in die tropische Vegetation der Südküste, nur durch eine halbhohe Mauer abgetrennt von der Umgebung. Die niedrigen Gebäude am Eingang, in denen der Ayurveda-Arzt seine Konsultationen durchführt, sind im traditionellen sri-lankesischen Baustil gehalten. Inmitten des hügeligen Parks liegt der kleine Pool. Um den Park herum gruppieren sich die Chalets, die entweder Balkon oder Terrasse haben. Die Häuschen sind mit Teakholzmöbeln eingerichtet, was ihnen eine warme, behagliche Atmosphäre verleiht. Am höchsten Punkt der Anlage befindet sich das Restaurant, das wie eine offene Halle anmutet. Mit Blick auf die tropische Landschaft werden dort Ayurveda-Gerichte serviert.

Der weitläufige Park bietet neben den für die Gemeinschaft vorgesehenen Plätzen viele Gelegenheiten, um zu entspannen und die Kur-Anwendungen individuell zu verarbeiten. Die umgebende Natur wird dabei zum Teil der Kur. Angeboten wird die Panchakarma-Kur, die vedischen Richtlinien folgt. Der Tagesablauf, die Anwendungen, das native Ayurveda-Anwendungs-Dorf – alles entspricht den Überlieferungen der Veden. Erforderliche Anwendungen, Medizin und Essen werden entsprechend den »verborgenen« Lebensenergien und den Auswertungen von Reaktionen und Reflektionen (Feedback) der Patienten entschieden. Für die 13 Zimmer stehen drei Ayurveda-Ärzte zur Verfügung, wodurch eine sehr intensive Betreuung möglich ist. Die Anwendungen finden in Ayurveda-Cabañas statt; die Hütten wurden ausschließlich aus Naturmaterialien erbaut.

5

6

4

1 Ideal zum Relaxen der Pool unter Palmen. **2** Einer von drei Ayurveda-Ärzten im Resort. **3** Direkt vor dem Resort liegt ein menschenleerer Strand. **4** Traditionelle Zutataten der ayurvedischen Küche. **5 und 6** Die Zimmer sind schlicht, aber behaglich gestaltet.

Zeit für Vattersgarden***

Ziemlich abgelegenes Ayurveda-Resort, das direkt an der Küste liegt und einen schönen Sandstrand besitzt. Dank der neuen Autobahn, die nach der Fertigstellung bis Matara führt, ist das in ca. drei Stunden vom internationalen Flughafen aus zu erreichen. Deutschsprachige Gästebetreuung. Alle ayurvedischen Anwendungen, individuell abgestimmter Therapieplan, tägliche Konsultationen. Begleitete Yoga-Asanas zur Meditationsvorbereitung, gemeinsame Meditation. Ayurvedische Vollpension mit individuell auf den Gast abgestimmter Ernährung.

Familie Vatter
81180 Kottegoda-Lunukalapuwa,
Tel. 041-2 25 90 60,
Tel. in Deutschland: 0 21 63-57 93 99
E-Mail: ayurveda@vattersgarden.de
Website: www.vattersgarden.de

1

2

3

Naturparadiese – Turtle Bay & Beauties of Nature

Einsame, endlose Traumstrände sowie große und kleine Naturschutzgebiete rund um die zahlreichen Seen und Lagunen kennzeichnen die Südküste Sri Lankas. In dieser herrlichen Landschaft liegt das Boutique-Hotel »Turtle Bay« abgeschieden auf einem kleinen Hügel über einem der schönsten Strände der Insel. Die Lage verlockt zu ausgiebigen Spaziergängen am Meer. Wie schon im Namen des Hotels angedeutet, gibt es hier Meeresschildkröten, die nachts aus dem Meer an den Strand kommen, um dort ihre Eier abzulegen.

Die wenigen Zimmer des »Turtle Bay« sind großzügig gestaltet und geschmackvoll eingerichtet, der Blick über Pool und Palmen bis zum Meer hin ein Traum. Im Restaurant am hübschen Pool werden täglich frischer Fisch und andere Köstlichkeiten aufgetischt. Wenn man sich zu seinem Glück noch Ayurveda-Massagen wünscht, kann man sich in der kleinen Ayurveda-Abteilung des Hotels verwöhnen lassen.

Natur ist auch das zentrale Thema im »Beauties of Nature« in Suduweli. Der kleine Ort ist vor allem Ausgangspunkt für Safaris in die Nationalparks Bundula und Yala West. Die Unterkünfte bestehen aus einigen kleinen Bungalows und einem offenen Speiseraum – ideal auch für Familien. Hier werden abends leckere Curries in privater Atmosphäre serviert, können im persönlichen Gespräch mit Shanta, dem Eigentümer, der auch als Safari Guide und manchmal als Koch fungiert, Pläne für Ausflüge geschmiedet werden, etwa in Sri Lankas bekanntesten Park Yala West.

Wer Yala besucht, tut dies in der Regel am frühen Morgen oder am späten Nachmittag. Der Parkeingang ist von der Unterkunft nur wenige Kilometer entfernt. Dort angekommen, heißt es Augen offen halten. Die Chance, Elefanten, Affen und tropische Vögel zu sehen, ist groß – Leoparden hingegen lassen sich selten blicken. Ausflüge in die Nationalparks mit dem Fahrzeug sind wegen der hohen Eintrittspreise nicht gerade billig (aber mit Shanta absolut empfehlenswert). Deutlich preiswerter ist ein Ausflug zum Tissa Wewa, einem Stausee bei Tissamahera. Vögel und Affen lassen sich vom Rande des Sees oder vom Boot aus beobachten. Auf keinen Fall fehlen darf ein abendlicher Besuch an den Strandtempeln in Kirinda. Schöner lässt sich der Sonnenuntergang auf Sri Lanka nicht erleben.

5

6

4

1 und 2 Die kleinen Bungalows des Beauties of Nature liegen in einem weitläufigen Garten. Wunderschön aus Bäumen gestaltet ist der offene Speisesaal. **3** Zimmer mit Aussicht: Hinter dem Pool liegt der Strand. **4 und 5** Der einsame lange Strand verlockt zu langen Spaziergängen. **6** Luftig und großzügig: Zimmer im Turtle Bay.

Zeit für Turtle Bay***

Einsam, etwa 20 Kilometer hinter Tangalla am Strand gelegenes Boutique-Hotel. Die idyllische Lage, nur wenige Minuten vom Vogelschutzgebiet Kalamatiya entfernt, begeistert vor allem Naturliebhaber. Ruhiger Strand, hübscher Außenpool. Mit Holzmöbeln rustikal eingerichtete Zimmer. Ayurveda-Spa. Fahrradverleih, Wäscheservice, WLAN.

Kalamitiya, Tel. 04 77-88 78 53,
E-Mail: info@turtlebay.lk, Website: www.turtlebay.lk

Zeit für Beauties of Nature*

Einfaches, aber liebevoll gestaltetes Gästehaus mit kleinen Bungalows, unter Leitung eines reizenden deutsch-sri-lankischen Ehepaares. Idealer Ausgangspunkt für Besuche in die Nationalparks Yala und Bundula. Malerische Lage, traumhafter Strand.

Suduweli, Kirinda 0061, Tel. 072-2 63 10 59,
E-Mail: suduweli@hotmail.com,
Website: www.beauties-of-nature.net

1

2

3

4

Wolken, Nebel und üppiges Grün

Kandy und das Bergland

Das Zentrale Bergland verspricht Abkühlung, wenn es im Flachland zu heiß wird. In Nuwara Eliya etwa, der mit 1889 Metern höchst gelegenen Stadt Sri Lankas, können die Temperaturen jederzeit unter die 20-Grad-Marke sinken, kann feiner Regen die Stadt einhüllen. Dieses feucht-kühle Klima ist ideal für den Tee-Anbau.

So winden sich die Straßen des Hochlands immer wieder durch die schier endlosen grünen Hügellandschaften der Teegärten. Von den Hängen der Berge rauschen Flüsse ins Tal, ergießen sich Wasserfälle. Hier zeigt sich Sri Lanka von einer ganz anderen Seite, als man es von den flachen Regionen der Küstengebiete oder von der nördlichen Inselhälfte kennt.

Am Rande des Berglands breitet sich Kandy aus, eine der alten Königsstädte Sri Lankas. Durch ihre Lage auf rund 500 Metern Höhe herrscht in dieser Stadt ein deutlich angenehmeres Klima als in Colombo. Mit rund 125 000 Einwohnern ist Kandy – mal abgesehen von Colombo – die größte und einzige Stadt Sri Lankas, die ein wenig urbanes Flair zu bieten hat. Vor allem aber ist es der Ort, der die buddhistisch-singhalesische Kultur Sri Lankas verkörpert. Beispielsweise findet sich nahe dem Zentrum am See die Kandyan Arts Association: Trommler, Tänzer und Jongleure üben hier täglich und geben Vorführungen. In Erscheinung treten sie hauptsächlich bei den großen Festen auf Sri Lanka, denn dann begleiten sie zu Tausenden die riesigen Umzüge.

Der größte und bekannteste, die »Kandy Perahera«, findet jährlich zur Zeit des Vollmonds im Juli bzw. August statt und beginnt beim Tempel des Heiligen Zahns, dem Sri Dalada Maligawa. Das Kloster ist das Wahrzeichen Kandys und zugleich Sri Lankas spirituelles Zentrum. Vom Milchsee im Stadtzentrum ausgehend, ziehen sich die Gebäude des Tempels einen Hügel hinauf. Der mächtige Bau aus dem 18. Jahrhundert mit seinen weißen Mauern und einem Wassergraben umgibt nur den eigentlichen Tempel. Im Innenhof der Anlage steht der hölzerne, zweistöckige Schrein, welcher die wichtigste Reliquie der Theravada-Buddhisten birgt: den linken oberen Eckzahn des Buddha. Und dieser zieht jeden Tag scharenweise Pilger an. Dreimal täglich wird denn auch an der Zahnreliquie mit Trommelwirbel und Trompeten eine Zeremonie eingeleitet. Mönche öffnen die Tür zum Schrein, die Gläubigen dürfen, ordentlich in

1 Tamilen bei einer Prozession bei einem Tempelfest. **2** Diyaluma-Wasserfall östlich von Wellawaya. **3** Toque-Makaken fallen durch ihre gepflegten Frisuren auf. **4** Waldreiches Hügelland lockt nördlich von Kandy zu Ausflügen.

einer Reihe anstehend, zum innersten Heiligtum vorrücken, um dem Zahn zu huldigen.

Die Zahnreliquie ist nicht nur Startpunkt, sondern auch Ziel der »Kandy Perahera«. Zehn Tage lang zieht die Prozession aus bis zu 3000 Tänzern und Jongleuren, Fackelträgern, Musikern und rund einhundert Elefanten durch die Stadt. Ein unglaubliches Schauspiel voller Zauber und Mystik, das sich da vor den Augen von bis zu zwei Millionen Zuschauern abspielt. Um den Festzug gut sehen zu können, beziehen die ersten Schaulustigen schon gegen Mittag die besten Plätze. Um fünf Uhr abends ist praktisch jeder Fleck auf den Gehwegen besetzt. Für die, die es sich leisten können, stehen auf den Veranden entlang des Prozessionswegs Stühle bereit. Der Aufmarschplatz direkt vor dem Tempel ist für das Publikum gesperrt; hier formiert sich nach Sonnenuntergang der Zug. Lichterketten schmücken Tempel und Bäume. Selbst die Elefanten sind mit Hunderten von Lämpchen behangen, die in allen Farben leuchten. Der größte der Tempelelefanen trägt außerdem einen geschmückten Schrein, in dem sich eine Kopie der Zahnreliquie befindet – das Original ist viel zu kostbar, um es einer Gefährdung auszusetzen.

Das Fest teilt sich in zwei Hälften: Die ersten fünf Tage nennt es sich Kumbal-»Perahera«, ab dem sechsten Tag Randoli-»Perahera«.

6

7

1 bis 3 Zur »Kandy Perahera« ist das Zahnkloster genauso mit Lichtern geschmückt wie die an der Prozession teilnehmenden Elefanten.
4 bis 6 Der Botanische Garten Peradeniya bei Kandy lockt Einheimische wie Touristen gleichermaßen. **7** Während der zehntägigen Perahera stehen überall rund um den Zahntempel Elefanten.

Der absolute Höhepunkt wird in der Vollmondnacht erreicht: Tausende von Prozessionsteilnehmern begleiten dann die Sänften, *Randoli*, in der junge Frauen die Wahrzeichen der hinduistischen Schutzgötter tragen. In der Hitze der tropischen Nacht transportieren jüngere wie auch alte Männer die glühend-heißen Körbe durch die Straßenzüge, deren zuckender Lichtschein den Zauber noch verstärkt. Aber auch tagsüber ist während der »Perahera« die Stadt voller Pilger und Elefanten. An jedem freien Platz werden Elefanten geparkt, sowohl in den Straßen rund um den Tempel oder auf dem Gelände der ihm gegenüberliegenden Devales. Diese Tempel, die den hinduistischen Schutzgöttern geweiht sind, sind ein Erbe der hinduistischen Vergangenheit des Buddhismus.
Außerhalb des Tempelbezirks ist Kandy eine angenehme Stadt, die sich an drei Seiten des Sees die Hänge hinaufzieht und auf der vierten dem Mahaveli in südwestlicher Richtung folgt. Entlang dem

1

2

3

1 und 2 Indische Tamilen prägen das Gesicht des Hochlands. **3** Das Waschen am Fluss gehört im Hochland noch zum Alltag. **4 und 5** Aus dem Hochland von Sri Lanka kommen die berühmten Cylon-Tees. Teebüsche überziehen in weiten Teilen die Hügel des Hochlands.

Fluss dehnt sich der neuere Teil der Stadt bis nach Peradeniya aus. Auf einer Halbinsel, die von einer Schlaufe des Mahaveli Ganga gebildet wird, liegt übrigens der unbestritten schönste Botanische Garten der Insel.

Von Kandy aus zuckelt ein Zug gemächlich durch die sattgrüne Landschaft und bringt seine Passagiere hinauf in die Berge. Wenn das Gefährt das Hochland erreicht, bietet sich jedes Mal aufs Neue ein herrlicher Blick in weite Täler, auf Teeplantagen und bis zu entfernten Gipfeln. Ein buntes Gemisch von Einheimischen und Touristen bevölkert die Eisenbahnabteile. Reisende, die in Hatton aussteigen, können sich entweder auf den Teeplantagen der Gegend umsehen, wo die luxuriösen Unterkünfte des »Tea Trail« Einblicke in das Leben der britischen Kolonialzeit geben, oder auf den 2243 Meter hohen Adams Peak pilgern. Der Sri Pada, wie er von den Einheimischen genannt wird, ist der heilige Berg Sri Lankas. Je nach Religionszugehörigkeit wird auf dem Gipfel ein überdimensionaler Fußabdruck als

4

Spur von Buddha, Vishnu oder Adam verehrt. Eine beleuchtete Treppe führt auf den Gipfel. Die meisten Pilger brechen mitten in der Nacht auf für den Aufstieg, damit sie den Sonnenaufgang vom Gipfel aus erleben können. Andere machen sich bereits vor Mitternacht auf den Weg, bedenken dabei jedoch häufig nicht, dass das feuchtheiße Klima einige Hundert Meter unterhalb des Gipfels von plötzlichen kalten Winden abgelöst wird. So ist es dann meistens doch eine überschaubare Schar, die am frühen Morgen bewundert, wie sich die ersten Sonnenstrahlen über die Wolken und das Hochland der Insel ergießen.

Etliche Orte im Hochland werben mit frischer, klarer Höhenluft, Wanderungen zu Wasserfällen und dem Besuch von Teeplantagen. Haputale und Ella, beide an der Eisenbahnstrecke gelegen, haben darüber hinaus grandiose Ausblicke vom südlichen Rand des Hochlands hinab ins Flachland und in weitläufig angelegte Teegärten zu bieten. Die Unterkünfte, die die Gäste dort aufnehmen, reichen von einfach und preiswert bis edel und luxuriös. *Very british* gibt sich Nuwara Eliya, das in einem Hochtal am Fuß des höchsten Berges der Insel liegt: Zu jeder Jahreszeit kann diese Stadt einfach in dichtem Nebel verschwinden, und Nieselregen sowie Regengüsse sind an der Tagesordnung.

Zeit für Kandy und das Bergland

Anreise und Reisezeit

Ankunft am Bandaranaike International Airport. Zugverbindungen nach Colombo und bis Badulla im Bergland. Busse fahren ab dem Internationalen Flughafen ca. drei Stunden bis Kandy und ab Kandy regelmäßige Busverbindungen in alle Richtungen.
Beste Reisezeit: Für Kandy und das Bergland Sri Lankas im europäischen Winter. Von Januar bis März fallen in Kandy die wenigsten Niederschläge, von Oktober bis Dezember die meisten. In Nuwara Eliya ist es nur im Februar und März relativ trocken. Am südlichen Rand des Hochlandes bei Haputale sind die Wintermonate meist trocken, der Sommer sehr nass, in der Knuckles Range im Nordosten des Berglandes ist es umgekehrt.

Unterkunft

Tea Trails***** Wohnen wie die Plantagenbesitzer in luxuriösen Bungalows in Teegärten. Tel. 011-7 74 57 00, Website: www.Tea-trails.com
Amaya Hills**** Die Zimmer sind zwar klein, dafür liegt das Hotel malerisch in den Hügeln über Kandy. Amaya Hills, Heerassagalla, Tel. 081-4 47 40 22/8, Website: www.amayahills.net

Sehen und erleben

Die »Kandy Esala Perahera«. Eine Zugfahrt ins Bergland. Mit den Pilgern auf den Adams Peak wandern oder den »High Tea« im englischen Stil im St. Andrews genießen. Regenwald lässt sich in den Naturschutzgebieten Kitulgala Forest Reserve oder Sinharaja Forest Reserve erkunden. Die Hortons Plains bieten schottisches Hochland-Gefühl und einen oft wolkenverhangenen Blick ins Flachland bei World's End. Eine ähnliche Aussicht kann man vom Liptons Seat bei Haputale ohne hohe Eintrittsgebühren genießen. Spektakuläre Aussichten auch bei Ella.

Ziele in der Umgebung

Südlich des Zentralen Berglands liegt das 19 Hektar große Schutzgebiet Sinharaja Forest Reserve, der seit 1989 zum UNESCO-Weltnaturerbe gehört. Hier kann man noch durch einen intakten Regenwald wandern.

Auskunft

www.srilanka.travel
www.tourism-srilanka.com
www.srilankatourism.de
www.srilanka-reise.info/sinharaja-forest-reserve

1

2

3

Oase im Regenwald – The Kandy Samadhi Centre

Vom Victoria Reservoire führt bei Kukul Oya eine kleine Straße bergauf. Ringsherum nur Regenwald, Hügel, gelegentlich Ausblicke ins Tal, ein Fluss durchschneidet die fruchtbare tropische Landschaft. Schließlich hat man das Örtchen Rangala erreicht, das auf der Karte kaum zu finden ist. Am Ortsende fällt die Straße derart steil ab, dass lange nicht klar ist, ob der Mietwagen nicht am Ende des Gefälles mit der Stoßstange aufsitzt. Doch es geht gut (meistens). Diesem Erlebnis folgen zwei weitere Kilometer extreme Holperpiste, und schließlich, in völliger Abgeschiedenheit und in einer Kurve im Wald, taucht plötzlich ein Tor in einer Mauer auf: das »Samadhi Centre«. Perfekte Waldeinsamkeit empfängt den Besucher hier. Die Rezeption liegt am Ende des Speiseraumes: eine offene Halle aus Holz mit einem Ziegeldach, groß, luftig und mit geschnitzten Kunstwerken, alten Möbeln und massiven Ölleuchtern bestückt. Rundherum ist alles »open air«, man blickt auf Bambus und auf Bäume, wo Affen durchs Geäst huschen.

Das Konzept des »Samadhi Centre« sieht eine Verschmelzung des Resorts mit der Natur vor. Der Übergang von drinnen nach draußen ist fließend. Das »Rock House« etwa bezieht im Erdgeschoss einen Felsen mit ein, im lichtdurchfluteten, aus groben Steinen errichteten Obergeschoss stehen farbenfrohe Kunstwerke neben dem Doppelbett. Alles ist rustikal und einfach gehalten. Öko, die Rückkehr zum Natürlichen wird in jedem Zimmer gepflegt. Einen Traumblick bietet der »Mountain Pavilion«, zu dem Treppen steil hinaufführen. Die Aussicht vom überdachten Sitzplatz vor dem kleinen Schlafzimmer ist grandios, der Blick schweift über dicht bewaldete Hügel und Berge. Nicht minder schön ist die Aussicht vom Zimmer am Fluss. Soweit man überhaupt Zimmer zu einem Raum sagen kann, dem zwei Wände zur Fluss-Seite hin fehlen. Abends oder als Schutz gegen die Witterung lässt man die Rollos herunter, die bei Licht immer noch den Blick in den Dschungel erlauben. So lassen sich nachts zwar die Affen aussperren, nicht aber die Geräusche des Waldes und das Gemurmel des nahen Flusses.

Das abendliche Mahl wird im Schein von Öllichtern gereicht, wunderbare Curries stehen in irdenen Gefäßen bereit. Und für das körperliche Wohlbefinden werden Ayurveda-Behandlungen und Meditation angeboten.

5

1 und 2 Kunst gehört zum Konzept des Samadhi Centre. 3 Einfach, aber im Stil ganz besonders, sind die Zimmer gestaltet. 4 Der Ausblick in die Natur ist im Resort unvermeidlich. 5 Gespeist wird abends im Schein von Öllichtern.

Zeit für The Kandy Samadhi Centre***/****

Ein Eco-Resort, eingebettet in eine schlicht-edle Anlage, weitab vom städtischen Leben, dafür inmitten üppiger tropischer Natur. Kein Internet, auch auf Klimaanlage wird bewusst verzichtet. Ayurveda und Meditation. Rustikales, aber anspruchsvolles Design, jeder Pavillon ist individuell eingerichtet. Gute vollwertige Küche. Fahrzeit mit dem Pkw über eine Stunde bis Kandy. Wanderungen in die Berge und Ausflüge zur Knuckles Range oder nach Kandy sind möglich. Ein wunderbarer Ort, um in die faszinierende Natur Sri Lankas einzutauchen. Achtung: Ohne genaue Wegbeschreibung nicht zu finden!

Kukul Oya Road, Rangala
Tel. 081-4 47 09 25
E-Mail: Waruna@eol.lk
Website: www.thekandysamadhicentre.com

1

2

3

Grüne Aussichten – Green View Holiday Resort

Nordöstlich von Kandy liegen die Berge der Knuckles Range mit ihren markanten Kuppen und den von Teeplantagen gesäumten Hängen. Ein Sträßchen windet sich hinter Wattegama hinauf nach Elkaduwa; die steilen Hänge sind von Baumriesen bestanden. Plötzlich weist ein Schild auf das »Green View« hin, eine noch engere Straße führt durch den dichten Wald. Schließlich öffnet sich der Blick zum »Green View Holiday Resort«, einem Betonblock im Wald mit herrlicher Aussicht. Wer hierher kommt, sucht keinen Luxus. Die Zimmer sind einfach, verfügen aber alle über einen Balkon oder eine Terrasse mit einem herrlichen Blick ins Grüne, hinunter in das Tal des Mahaveli oder auf die umliegende Wald- und Berglandschaft. Dank seiner Lage ist das Hotel ein hervorragender Stützpunkt für Ausflüge in die Berglandschaft, aber auch das etwa eine Stunde mit dem Auto entfernte Kandy lässt sich von hier aus gut erkunden. Nach einem anstrengenden Tag gilt es dann nur noch, die leckeren, frisch zubereiteten Speisen und ein kaltes Bier zu genießen.

Wenn man der Straße nach Elkaduwa folgt, passiert man unterwegs die Abzweigung zu den Hunas Falls. Wieder windet sich ein Sträßchen steil empor, vorbei an von rankenden Gewächsen überwucherten Baumriesen und durch schattige Teegärten bis zu einem Gewürzgarten am Fuß der Wasserfälle. Wunderschön und lehrreich ist ein Spaziergang durch den Garten mit einer Erläuterung der Pflanzen, von wucherndem Pfeffer über Maracujas bis zu Nelken- und Zimtbäumen. Oberhalb der Wasserfälle empfängt das luxuriöse »Hunas Falls Hotel« Gäste; das angeschlossene Restaurant punktet nicht zuletzt mit einem traumhaften Panoramablick.

Ein Stück weiter nordöstlich, dort, wo der Steilhang in eine sanftere Hügellandschaft übergeht, gelangt man zum »Ashburnham Estate«, einem einst herrschaftlichen Verwaltungshaus eines Teegartens. Das Anwesen thront auf einem Hügel unterhalb der Straße, inmitten blühender Bäume. Die Aussicht von Veranda und Pool ist atemberaubend schön, das große, offene Wohnzimmer atmet britische Kolonialatmosphäre. Relaxen, wohlfühlen, Wanderungen in die Teegärten und Ausflüge in die Knuckles Range – die Tage vergehen auch in dieser abgeschiedenen Lage wie im Flug. Abends kann man sich auf der Veranda verwöhnen und den Tag in Ruhe ausklingen lassen.

5

6

1 Mit Blick über die Hügel und den Teegarten in idyllischer Lage: der Pool der Ashburnham Estate. **2 und 3** Vollkommene englische Kolonialatmosphäre strahlt der Bungalow der Ashburnham Estate aus. **4 bis 6** Nicht weit von Kandy entfernt, aber doch inmitten von unberührter Natur liegt das Green View.

Zeit für Green View Holiday Resort*

Eine knappe Stunde von Kandy entfernt, preiswertes Hotel in wunderschöner Lage in der Nähe der Hunas Falls. Ausgezeichneter Standort für Wanderungen im Bergwald und für Ausflüge in die Knuckles Range oder nach Kandy.

Karagahahinna, Elkaduwa
Tel. 081-5 67 14 37
E-Mail: bluehavtravels@sltnet.lk
Website: www.greenviewholidayresort.com

Zeit für Ashburnham Estate***

Herrschaftliches Plantagenhaus in herrlicher Lage in einem Teegarten. Gut eine Stunde nördlich von Kandy in den Bergen gelegen. Tennisplatz, Kochunterricht, Ausflüge in Teegärten, zu den Wasserfällen und in die Berge möglich.

B416 – Elkaduwa Road, Kandy District, Elkaduwa
Tel. 066-4 92 02 06
E-Mail: Ashburnham.Estate@gmail.com
Website: www.ashburnhamestate.com

1

2

Relikt aus der Kolonialzeit – Jetwing St. Andrews

Nurelia, wie Nuwara Eliya in der Regel einfach kurz genannt wird, bietet alles, was tropenmüde Kolonialbeamte einst suchten: kühle Luft, Regen, Erinnerungen an die ferne Heimat. Der Dichter Hermann Hesse fühlte sich hier an den Schwarzwald erinnert. Bereits im Jahr 1828 wurde in diesem Ort ein Sanatorium für Tropenkranke errichtet, nachdem das knapp sieben Kilometer lange Hochtal zehn Jahre zuvor bei einer Elefantenjagd entdeckt worden war. Noch heute ist Nuwara Eliya der britischste Ort der Insel – ein Erbe, das mit Golfplatz, Pferderennbahn und alten Gebäuden hingebungsvoll gepflegt wird. Weitere Attraktionen sind die Teefabriken der Umgebung sowie ein botanischer Garten am Rande des Hochtals. Und wer Lust hat, kann von hier aus auch zu Wanderungen in die Berge aufbrechen.

Wunderbar und *very british* ist die Atmosphäre beim »High Tea« auf der Terrasse des »St. Andrew Hotel«. Oft ziehen Nebelschwaden durch den grünen Park des Hotels oder liegt ein Regenschleier über der Stadt. Wohlig fröstelnd nippt der Gast an seinem Tee. Sollte es doch ein wenig zu kühl werden oder der Wunsch nach einem Whisky aufkommen, empfiehlt sich der Wechsel in die »Road Hole Bar« mit seinen plüschigen roten Sofas oder das gegenüberliegende Kaminzimmer. Dahinter, in einem Raum mit dunkler Holztäfelung, verbirgt sich der Billardraum, dessen Herzstück ein riesiger Snooker-Tisch aus dem 19. Jahrhundert ist.

Auch das »Old Course Restaurant« liegt in diesem vollständig in Holz gehaltenen Gebäudeteil. Die Küche bietet neben einheimischen Curries vor allem althergebrachte englische Gerichte mit Zutaten aus dem hauseigenen Biogarten. Gespeist wird in einem Saal, dessen Decke mit geprägtem Leder verkleidet ist.

Die Zimmer des Hotels warten ebenfalls mit viel Holz auf und haben ein wenig das Flair einer Jagdhütte. Die Deluxe-Rooms sind mit einem weiteren Doppelbett ausgestattet, das – im Maisonette-Stil – über eine steile Treppe unter der hohen Holzdecke zu erreichen ist. Überall gibt es liebevolle Details, die Erinnerungen an vergangene Zeiten wecken. Das ganze Haus wirkt sehr authentisch, ist dabei aber topmodern ausgestattet. Selbst eine Heizung fehlt nicht, was der Besucher an einem kühlen, regnerischen Tag besonders zu schätzen weiß.

1 Zugang zur Vergangenheit: die Treppe ins St. Andrews. **2** Ganz im Stil einer Jagdhütte sind die edlen Zimmer des Hotels gehalten.
3 und 4 Auch Restaurant und Bar erinnern an die britische Zeit.
5 Gut gebettet: in einem der 40 Superior-Zimmer.

Zeit für Jetwing St. Andrews****

Luxuriöse Bleibe »in den Wolken«, 1990 Meter über Meereshöhe, mit viel englischem Kolonialstil. Wer der tropischen Hitze entfliehen will, findet hier europäisches Klima und Ambiente, da der Ort Nuwara Eliya im 19. Jahrhundert ein Erholungsort für britische Kolonialbeamte war. Anreise mit dem Zug bis Nanu Oya. Mit dem Pkw etwa zwei Stunden nach Kandy, mit dem Bus vier Stunden Fahrzeit, bis Colombo sechs Stunden Busfahrt. Anstatt Ayurveda gibt es hier Spa- und Wellness-Center. Weitere Freizeitangebote: Besichtigungen von Teefabriken und Wanderungen, Golf, Reiten, Fahrradverleih, Billard.

No. 10, St. Andrew's Drive,
Nuwara Eliya,
Tel. 052-2 22 30 31
E-Mail: resv.andrews@jetwinghotels.com
Website: www.jetwinghotels.com

1

2

In völliger Abgeschiedenheit – Sinharaja Rainforest Ecolodge

Schon die Anfahrt wird zum Abenteuer. Von der Südküste führt eine Straße in endlosen Kurven durch Sri Lankas schönste Reisterrassen nach Deniyaya. Ab hier windet sich eine holprige Piste steil durch Teegärten in die Berge des Sinharaja Forest Reserve. Am Rande von Sri Lankas letztem Regenwald gruppieren sich die Chalets der »Ecolodge« um ein Teefeld, das als Ausläufer der Plantage in den Wald hineinreicht. Jedes von ihnen hat freien Blick über die Teesträucher auf mächtige Bäume. Wer sich unter Chalet allerdings etwas Heimeliges aus Holz vorstellt, wird enttäuscht. Die kleine Siedlung wirkt eher wie in die Landschaft gestreute Container mit Fenstern. Was von außen nicht sehr einladend wirkt, ist im Inneren aber recht wohnlich. Zudem kann sich das Resort mit einer Auszeichnung für nachhaltiges Bauen, dem LEED-Award, schmücken. Öko bedeutet hier nicht, dass aus Naturmaterialien gebaut wurde, sondern die Nutzung von Recycling-Materialien und Sonnenenergie.

Beeindruckend ist der Blick aus der Lounge, die auf Stahlstelzen über dem Boden zu schweben scheint. Unter einem gewölbten Blechdach lässt sich, lässig in roten Lounge-Sesseln sitzend, der fast rundherum freie Blick in die Natur genießen. Auch im benachbarten Restaurant kann man beim Verzehr der köstlichen Curries die herrliche Aussicht auf sich wirken lassen.

Wer hierher kommt, will aber mehr, als die Natur nur vom Sessel aus erleben. Guides bringen dem Gast die Wildnis rund um die Herberge näher. Trotz der Höhenlage geht das leider nicht, ohne ein paar Schweißtropfen zu vergießen. Die Pfade führen steil hinab in den Wald mit seinen bis zu 50 Meter hohen Baumriesen. Unterwegs lassen sich nicht nur Pflanzen bestaunen, sondern auch allerlei Reptilien, Affen, Schmetterlinge und exotische Vögel. Ornithologen dürfen sich auf 147 verschiedene Vogelarten freuen. Vom »Löwenkönig«, was Sinharaja übersetzt bedeutet, zwar keine Spur, doch können ausdauernde Waldläufer im Sinharaja Forest Reserve mit viel Glück Leoparden oder Civet-Katzen zu Gesicht bekommen. Wenig beliebt, aber ziemlich sicher anzutreffen sind Blutegel, die mithilfe von Gamaschen abgehalten werden können. Natürlich lohnen auch die Wasserfälle der Umgebung einen Besuch.

Zeit für Rainforest Ecolodge****

16 komfortable und geschmackvoll eingerichtete Chalets in der südlichsten Berglandschaft Sri Lankas mit herrlicher Flora und Fauna. Jedes Häuschen steht auf Stelzen, hat Wohn- und Schlafzimmer, Bad und einen Balkon mit großartigem Blick in die fast unberührte Natur. Die von Teeplantagen und Regenwald umgebene »Ecolodge« wurde mit dem LEED-Umweltpreis ausgezeichnet. Hilfsbereites Personal, tadelloser Service, gute regionale Küche. Das Naturschutzgebiet Sinharaja Forest Reserve ist in wenigen Stunden erreichbar.

Tel. für Buchungen: 071-4 20 08 81
Tel. Lodge: 041-3 40 56 66
E-Mail: reservations.info@rainforest-ecolodge.org
Website: www.rainforest-ecolodge.org

1 Spektakulär auf Stahlträgern zwischen Teebüschen und Urwald stehen die Hauptgebäude der Rainforest Ecolodge. **2** Von außen reiner Stahl, doch innen sehr gemütlich: die Wohncontainer. **3** Geführte Wanderungen in den Regenwald sind das eigentliche Ziel. **4 und 5** Restaurant und Lounge bieten spektakuläre Aussichten.

1

2

3

4

Von Jaffna bis Panama

Die Ostküste von Sri Lanka

Große Teile des Nordens und der Ostküste waren in den letzten Jahrzehnten während des Bürgerkrieges praktisch nicht erreichbar. Dementsprechend hat sich in diesem Teil der Insel auch nur wenig verändert. Der Reisende erlebt in weiten Teilen ein sehr ursprüngliches Sri Lanka.

Nach Bürgerkrieg und Tsunami wurde die Infrastruktur an der Ostküste neu instand gesetzt, sodass hier mit die besten Straßen der Insel zu finden sind. Entlang der schönsten Strände wie nördlich von Trincomalee, bei Passekudah oder in Arugam Bay sind zahlreiche neue Hotelanlagen im Bau. Doch aufgrund der Entfernung vom Flughafen wird auch in absehbarer Zeit das Gros der Gäste die Ostküste nicht erreichen. Dabei wäre dieser Küstenabschnitt speziell während des europäischen Sommers ein optimales Reiseziel. Während im Südwesten der Monsun oft heftige Niederschläge bringt, herrscht im Nordosten Trockenzeit, locken blauer Himmel und endlose Traumstrände.
Der äußerste Norden der Insel Sri Lanka mit der Halbinsel von Jaffna weist noch immer tiefe Wunden des Bürgerkriegs auf. Zahlreiche Tamilen haben während des Krieges zwischen Tamil Tigers und der Regierung in Colombo das Land verlassen. Heute kehren sie zumindest für einen Besuch in die alte Heimat zurück. Doch die wenigsten wollen in der verarmten Region bleiben. Dabei hätte Jaffna mit seinen Lagunen und den vorgelagerten Inseln Kayts durchaus touristisches Potenzial. Bislang sind es vor allem Pilger aus dem Süden Indiens, die auf ihrer Rundreise durch die Hindutempel Sri Lankas hier Station machen.
Der Norden der Insel ist mehrheitlich von hinduistischen Tamilen bewohnt, hinzu kommen entlang der Ostküste auch viele moslemische Sri Lankesen, die arabisch beeinflussten Moors. Statt buddhistischer Tempel dominieren große Hindutempel und Moscheen. Der bekannteste Tempel ist der Nallur Kandaswami Kovil bei Jaffna. Aus der hohen, rot-weiß gestreiften Ummauerung der Anlage ragen die Gopurams, die Tempeltürme, empor. Die Hindutempel Sri Lankas sind nicht mit denen in Tamil Nadu zu vergleichen, da sie bei Weitem nicht deren Alter und Größe erreichen.

1 Fischerboote in Arugam Bay. **2** Der Norden ist der ärmste Teil Sri Lankas, so trifft man hier auch noch auf Ochsenkarren. **3** Schöner relaxen im Surf & Sun in Arugam. **4** Bei Jaffna liegen die wichtigsten Hindu-Tempel der Insel.

1

2

3

Einen Besuch in den Tempeln sollte man dennoch einplanen, wenn man im Norden oder Osten unterwegs ist. Fast immer ziehen hinduistische Pilger durch die Tempelanlagen, rezitieren laut ihre Mantras, vollziehen Priester die Rituale. Sich bei einem Tempelfest unter die Massen zu mischen, gehört zu den bleibenden Erlebnissen einer Reise. Leichter zu erreichen ist der Thiru Koneswaram Kovil in Trincomalee. Der Tempel liegt auf dem Swami Rock, einer schmalen Halbinsel, die zwei lang gezogene, sandige Buchten in Trincomalee voneinander trennt. Der Eingang zur Halbinsel wird vom Fort Frederick bewacht, das einst nach dem Herzog von York benannt wurde, heute aber von der Armee Sri Lankas in Beschlag genommen wird. Vor dem Fort laufen friedlich Rehe zwischen Hütten und Häusern herum, als wäre Sri Lanka immer ein Paradies auf Erden gewesen.

Paradiesisch sind auf jeden Fall die Strände bei Nilaveli nördlich von Trincomalee. Der kilometerlange feinsandige, weiße Strand ist selbst in der Hauptsaison im Juli/August nahezu menschenleer. Nur wenige Fischerboote sind zu sehen, ab und zu ein paar Sonnenanbeter, gelegentlich schlendern Kühe und Hunde vorbei. Ferner locken Ausflüge nach Pigeon Island, die allerdings deutlich teurer geworden sind, seit die Insel zum Nationalpark erklärt wurde. Das

4

6

7

1 Luftiges Restaurant im Rocco's in Arugam. **2** Bei ruhiger See locken Korallen Taucher und Schnorchler. **3** Mittlerweile ziehen die Strände bei Jaffna wieder Besucher an. **4** Die Perlhalstaube mit ihrer auffälligen Zeichnung im Nacken ist eine in Asien weitverbreitete Vogelart. **5** Am Strand bei Batticaloa finden sich vor allem Fischer und Einheimische ein. **6** In Arugam hingegen sind die Badegäste in der Überzahl. **7** Üppiges Gemüseangebot auf einem Markt.

»Nilaveli Beach Hotel« ist eine der wenigen Hotelanlagen an der Ostküste, das auch während des Bürgerkrieges immer geöffnet war. Die Region von Trincomalee war strategisch so wichtig, dass sie während der Auseinandersetzungen von der Armee Sri Lankas gehalten wurde. Zwischen die Fronten geriet dabei die Bevölkerung. Die jungen Männer wurden von beiden Seiten in die jeweiligen Armeen gezwungen. Wer in Verdacht geriet, die falsche Seite zu unterstützen, konnte leicht ins Fadenkreuz geraten – für viele Menschen eine ausweglose Situation.

Die Region von Batticaloa weiter südlich war einer der Schwerpunkte der Tamilenkämpfer und wurde für deren Staat Tamil Eelam beansprucht. Daher waren Stadt und Region lange Jahre kein Reiseziel. Mittlerweile wird vor allem nördlich der Stadt, bei Passekudah und Kalkudah, eifrig gebaut. Die Bucht von Passekudah gilt

1 Arugam ist das Topziel der Surfer. **2** Die einsamen Traumstrände von Nilaveli locken hingegen Sonnenanbeter. **3** Hindupilger bei Panama am Eingang des Yala-East-Nationalparks. **4** Bretter für Surfanfänger und Fortgeschrittene. **5** Fischer in der flachen Lagune vor Jaffna.

als eine der schönsten der Ostküste, einige luxuriöse Unterkünfte wie das »Maalu Maalu« haben bereits ihre Pforten geöffnet. Im Hinterland liegen selten besuchte Nationalparks wie der von Gal Oya. Ein schöner Stausee zieht sich malerisch durch eine bewaldete Berglandschaft. Wer Glück hat, kann hier vom Boot aus Elefanten beim Bad beobachten. Als Basislager bietet sich das Provinzstädtchen Ampara an, von wo aus Touren mit dem Fahrzeug in den Park und die Region organisiert werden können, in der noch die letzten Wedda leben.

Fast immer begegnet man Elefanten im kleinen Lahugala-Nationalpark. Da der Park von der A4 nach Pottuvil durchschnitten wird, kann man hier die Elefanten of direkt an der Straße beobachten, und das ohne die sonst üblichen hohen Einrittspreise.

Südlich von Pottuvil lockt das Surferparadies Arugam Bay. Von Juni bis August platzt der kleine Ort an der wunderbaren Bucht fast aus den Nähten. Könner wie Anfänger – Surflehrer stehen bereit – stür-

zen sich dann in die Wellen. Vom Tsunami 2004 wurde die Bucht hart getroffen, die meisten der Hotels am Strand wurden zerstört. Heute gibt es sogar deutlich mehr Unterkünfte als vor dem Tsunami, darunter zunehmend Hotels, die wie das »Hideaway« oder das benachbarte »Surf n'Sun« mit Design und schön angelegten Bungalows in der zweiten Reihe auf etwas zahlungskräftigere Gäste setzen. Doch das eigentliche Leben in Arugam Bay spielt sich am Südende der Bucht in den Strandbars ab, wo Reggae das Lebensgefühl bestimmt und der Blick aus von Palmen beschatteten Bars zur rollenden Brandung geht.
Südlich von Arugam lockt vor allem die Wildnis des Yala-East-Nationalparks. Bis Panama geht eine Teerstraße, danach führt eine Piste durch eine eindrucksvolle Landschaft zum Eingang des Parks. Kurz davor liegt Okanda mit seinen prachtvollen Hindu-Tempeln. Vor dem Fest in Kataragama strömen zahlreiche Pilger zu den auf runden Granitfelsen thronenden Tempeln. Starkstromzäune sichern den Pilgerplatz vor den Dickhäutern. Mit etwas Glück sieht man jenseits der Zäune schon die ersten Elefanten. Von ihnen lassen sich die Pilger auf ihrer Wanderung nach Kataragama aber nicht abhalten. Manche der Gläubigen sind hier schon wochenlang aus dem Norden der Insel unterwegs, um rechtzeitig zum Fest in Kataragama da zu sein.

Zeit für die Ostküste

Anreise und Reisezeit

Der Bandaranaike International Airport ist weit entfernt von den Zielen im Norden und Osten. Zugverbindungen ab Colombo nach Norden bis Vavuniya (nach Jaffna weiter mit dem Bus), in den Osten nach Trincomalee und Batticaloa.
Beste Reisezeit: für den Osten Sri Lankas im europäischen Sommer. Im Juni und Juli fallen die wenigsten Niederschläge, und das Meer ist ruhig. Heftige Niederschläge gibt es im Osten von Oktober bis Januar. Im Norden bei Jaffna ist es von Januar bis September ziemlich trocken.

Unterkunft

Hideaway Resort Arugam Bay** Schönes kleines Hotel mit netten Bungalows in schönem Garten und Zimmer und Restaurant mit leckerem Essen im Haupthaus im Kolonialstil. Arugam Bay, Tel. 063-2 24 82 59, 077-4 59 66 70, E-Mail: info@hideawayarugambay.com, Website: www.hideawayarugambay.com
Pillaiyar Inn*/** Brauchbares Mittelklasse-Hotel, fast im Zentrum von Jaffna, große Zimmer mit Klimaanlage im neuen Flügel, leckere Curries. 31, Manipay Road, Jaffna, Tel. 021-2 22 28 29, E-Mail: info@pillaiyarinn.com, Website: www.pillaiyarinn.com

5

Sehen und erleben

Die Traumstrände entlang der Südküste. Sehenswerte Inseln und Tempel rund um Jaffna. Die Tempel in Trincomalee sowie die kleinen Tempel südlich von Panama bei Pottuvil. Besuch des Gal Oya-Nationalparks per Boot oder Jeep. Der Yala-East-Nationalpark im Süden.

Auskunft

www.srilanka.travel,
www.srilankatourism.de,
www.urlaub-srilanka.com

1

2

Traumstrände im Osten – Maalu Maalu Resorts & Spas

Weit, weit weg! Das Gefühl trügt im »Maalu Maalu« nicht. Südlich von Trincomalee passiert die kleine, aber gut befahrbare Straße nur Dörfer und wenige Städtchen. Ringsum Lagunen und einsamer Strand, kein Zeichen einer touristischen Erschließung auf 100 Kilometer. Die Folgen des Tsunami, der die Küstenorte unvorbereitet traf, sind weitgehend verschwunden, die Straßen wurden nach der Katastrophe neu gebaut, die Dörfer ebenso, jedoch ein wenig zurückversetzt von der Küste.

Bei Passekudah und Kalkudah setzte die touristische Entwicklung schon Anfang der 1980er-Jahre ein. Der erste Aufbruch wurde durch den Bürgerkrieg abgewürgt, der zweite Anfang des neuen Jahrtausends vom Tsunami zunichte gemacht. Doch nun stehen an der Küste, deren Strände immer wieder als die schönsten Sri Lankas gerühmt werden, die ersten neuen Luxushotels, an vorderster Front das »Maalu Maalu«. Hinter dem Hauptgebäude, mit Rezeption, Restaurant und Ayurveda-Abteilung, öffnet sich der Blick zum Meer. Links und rechts des sandigen »Dorfplatzes« – und optisch fast direkt am Strand –liegen dicht beieinander die zweistöckigen, holzverkleideten Villen. Zu jedem der Appartements gehört ein großzügiger Balkon mit Blick aufs Meer. Die Zimmer sind hell und modern gestaltet. Ein Erlebnis sind die großzügig bemessenen Bäder, die in Betonoptik in edlem Design sparsam, aber effektvoll akzentuiert sind. Das kühle Design kontrastiert im Resort immer wieder mit Holz und anderen Naturmaterialien. Kühl ist auch die Farbgebung der Bar. Das moderne Restaurant bietet exzellente Küche, sowohl am Buffet als auch à la carte.

Die darüber gelegene Ayurveda-Abteilung hingegen ist ausschließlich in Naturtönen gehalten. Ein Ayurveda-Arzt und mehrere Therapeuten stehen für professionelle Anwendungen und traditionelle Panchakarma-Behandlungen zur Verfügung.

Highlight des Resorts ist der Pool mit Meerblick. Dahinter dienen zwei gestrandete Boote als Bars. Besonders schön ist der Blick über die Anlage bei abendlicher Beleuchtung. Der halbmondförmige lange Sandstrand lockt dagegen den ganzen Tag zum Spaziergang. Durch ein Riff weit vor dem Strand ist dieser Küstenabschnitt ideal zum Schwimmen, selbst Kinder können unbeschwert am Strand planschen.

4

3

1 Großzügig und modern: 4-Bett-Zimmer im Maalu Maalu. 2 Wie ein kleines Dorf umstehen die Bungalows den sandigen Hof des Maalu Maalu. 3 und 4 Frische, ausgezeichnete Speisen jeder Geschmacksrichtung zaubert die Küche des Resorts.

Zeit für Maalu Maalu Resorts & Spas***/****

Eines der wenigen Spitzenhotels an der Ostküste, modern gestaltet und mit allen Annehmlichkeiten ausgestattet. Herrlicher Strand, die Anlage ist fast ein Teil des Strandes. Gutes Essen, exquisites Frühstücksbuffet, hervorragender Service, engagiertes Personal, angenehmer Pool, gute und sichere Bademöglichkeiten am Meer. Die Betten werden vor dem Schlafengehen mit Blumen geschmückt. Die medizinische Abteilung und das Ayurveda-Team genießen einen ausgezeichneten Ruf. Etwa anderthalb Stunden bis Trincomalee. Zug- und Busverbindungen nach Colombo ab Batticaloa, Fahrtdauer etwa sieben Stunden.

Passekudah, 30410 Kalkudah
Tel. 01 17-38 63 86
E-Mail: info@maalumaalu.com
Website: www.maalumaalu.com

1

2

3

Paradiesische Ruhe – Nilaveli Beach Hotel Trincomalee

Lange Zeit war das »Nilaveli Beach« das einzige gute Hotel an der Ostküste. Insbesondere während des Bürgerkrieges war Nilaveli ein einsamer Posten an der Küste. Bereits 1974 ging das Hotel in Dienst und blieb solange geöffnet, bis der verheerende Tsunami eine einjährige Pause erzwang. Trotz der kompletten Sanierung sieht man dem Hotel die Jahre an, besonders in den Standardzimmern, die in Bungalows im großen Garten zwischen Bäumen untergebracht sind. Die Deluxe-Rooms sind freundlich und hell und haben Balkon mit Blick über den Garten aufs Meer.

Das Highlight des Hotels ist der Pool mit seinem Strandrestaurant. In diesem Bereich spielt sich das Leben der Hotelgäste hauptsächlich ab: Vom Snack im offenen palmgedeckten Restaurant geht es schnurstracks zum Schwimmen in Richtung Pool oder an den breiten Sandstrand. Fast direkt gegenüber dem Hotel kann man Pigeon Island sehen; mit seinen Korallenriffen ist es ein beliebtes Ziel für Bootsausflüge. Der Strandabschnitt vor dem Hotel ist das absolute Prunkstück von Nilaveli: breit, beinahe reinweiß, feinsandig, palmengesäumt, ohne eine zu heftige Brandung und ohne gefährliche Strömungen. Anders als sonst in Sri Lanka ist Baden hier darum gefahrlos möglich. Und dazu ein herrliches Terrain für endlose Strandspaziergänge. Nach Norden liegt nur noch das »Pigeon Island Hotel« am Strand. Gelegentlich sieht man ein Fischerboot, in der Ferne ist das Fischerdorf schemenhaft auszumachen. Ansonsten herrscht hier Ruhe und Einsamkeit. Wer Abwechslung sucht, kann Trincomalee mit seinen Tempeln besuchen oder den benachbarten Strandort Uppuveli, an dem mehrere Strandrestaurants zur Einkehr einladen.

Zwar ist in Uppuveli, das in Sichtweite von Trincomalee liegt, der Strand nicht so sauber wie in Nilaveli, aber dafür gibt es immerhin ein wenig Strandleben, da es hier etliche kleine und ein paar größere Hotels gibt. Eine solche Infrastruktur fehlt in Nilaveli komplett. Südlich des Militärgeländes, das sich an das »Nilaveli Beach« anschließt, liegt das »Ortszentrum«: einige Stände an einer staubigen Straße, Kühe und wenig einladende Unterkünfte. Von Strandleben wie in Arugam Bay, Mirissa oder Hikkaduwa keine Spur. Dafür gibt es einen der schönsten und breitesten Sandstrände der Insel mit glasklarem Wasser.

5

6

1 Vor dem Hotel liegt ein breiter, niemals überfüllter Strand. **2** Äußerst beliebt ist der Pool des Nilaveli Beach. **3** Leckere Snacks und einen schönen Blick zum Meer bietet die Poolbar. **4** Schier endlos der Strand in Nilaveli. **5 und 6** Modern gestaltet, ist das Hauptgebäude wie auch die Deluxe-Zimmer.

Zeit für

Nilaveli Beach Hotel Trincomalee***/****

An einem wunderschönen Strand gelegenes Hotel, das meist im Paket gebucht wird; bei Einzelbuchung ist das Hotel überteuert. Tolle Lage, schöner Pool, sehr engagiertes Personal. Schöner alter Baumbestand in der Anlage. Großzügig geschnittene und gut ausgestattete Zimmer. Zwei Restaurants (eines davon am Strand) mit ausgezeichneter Küche. Bootsausflüge, Tauchcenter. Im Juli und August ist Whale Watching von Trincomalee aus möglich. Lange Anreise vom Flughafen mit Bus oder Zug, gute Option für die Regenzeit im Südwesten.

Nilaveli
Tel. 026-2 23 22 95/6
Website: www.nilaveli-beach-hotel-trincomalee-sri-lanka.lakpura.com

Wiege und Machtzentrum Sri Lankas

Im Kulturdreieck

Im Dreieck zwischen den alten Königsstädten Kandy, Anuradhapura und Polonnaruwa liegen fast alle kulturellen Sehenswürdigkeiten der Insel. Hier befand sich über rund 1500 Jahre das Machtzentrum der Insel, hier wurde Sri Lankas Zivilisation geprägt. Eine Reise in den Inselstaat ist ohne einen Besuch dieser Region nicht vollkommen.

Von Kandy kommend erreicht man auf der Fahrt nach Norden als erstes Dambulla. Vor der Stadt erhebt sich ein Felsrücken über der Landschaft. Zu seinen Füßen erhebt sich das Rangiri-Kloster, das in den letzten Jahren durch moderne, recht bizarr anmutende Anbauten auf sich aufmerksam gemacht hat. Auf dem Dach des »Buddha-Museums« – mit Fernsehstudio und Internetcafe ausgerüstet – sitzt ein etwa 30 Meter hoher goldener Buddha. Sobald man den neuen Komplex passiert hat, taucht der Besucher ein in die Atmosphäre der über 2000 Jahre alten Anlage. Eine Treppe führt den Granitbuckel hinauf. Unterhalb der obersten Erhebung der Granitformation bietet ein lang gezogener Überhang im Fels Raum für das Höhlenkloster. Eine lang gezogene, weiße Fassade im Kolonialstil duckt sich unter den Überhang. Hinter einem langen Gang befindet sich der Zugang zu den Höhlen. In der ersten Höhle liegt ein 14 Meter langer, ruhender Buddha. Die natürliche Felsdecke und die Seitenwände sind über und über mit Bildern von Buddhas bemalt. Kein Fleck in den insgesamt fünf Höhlen, der im Naturzustand wäre. Selbst Felsabbrüche und Kanten sind mit buddhistischen Motiven geschmückt. Nur an wenigen Stellen hat eindringendes Wasser die Werke der Künstler zunichte gemacht. Bereits in vorchristlicher Zeit wurden die ersten Höhlen ausgeschmückt, die letzte wurde erst im Jahr 1915 von einem Lagerraum in einen Höhlentempel verwandelt.

Nur wenige Kilometer nördlich von Dambulla steht das vielleicht bekannteste Wahrzeichen Sri Lankas: der »Löwenfelsen«. Sigiriya scheint mit den bezaubernden Wolkenmädchen, die vor gut 1500 Jahren mithilfe schwindelerregender Bambusgerüste hoch oben an die Felswände gemalt wurden, ein Ort des Friedens zu sein. Dabei liegt der Ursprung der Anlage in einem Familiendrama, wie es keine griechische Tragödie überbieten könnte: Der Gründer der Königsstadt, Kassapa, ließ im Jahr 473 seinen Vater ermorden. Doch sei-

1 Mihintale gehört zu den schönsten Zielen Sri Lankas. **2** Meditierende Buddhas in Dambulla. **3** Die berühmten Wolkenmädchen von Sigiriya sind gut 1500 Jahre alt! **4** Der Weg auf den Löwenfelsen Sigiriya führt durch eine spektakuläre Felslandschaft.

1

2

3

nem Halbbruder und eigentlichem Thronfolger Moggallana gelang die Flucht. Aus Furcht vor seiner Rache verlegte Kassapa seine Festung auf den uneinnehmbaren Felsen Sigiriya. 18 Jahre später kam Moggallana mit einer Armee zurück. Kassapa stellte sich dem Kampf, doch seine Männer wurden vernichtend geschlagen, und Kassapa nahm sich das Leben. Geblieben sind die Reste seiner Festung, der große Garten vor dem Felsen und vor allem der beeindruckende Weg auf den Felsen. Immer noch vermag der Aufstieg wenig schwindelfreie Besucher in die Knie zu zwingen – für alle anderen jedoch gehört der Besuch hier zu den Höhepunkten einer Reise durch Sri Lanka.
Noch weiter nördlich, bei Anuradhapura, finden sich die Ursprünge des Buddhismus auf Sri Lanka. Auf dem Berg Mihintale wurden Sri Lankas erste buddhistische Klöster errichtet. Nicht lange danach brachte eine Tochter Ashokas einen Ableger des heiligen Bodhi-Baumes, unter dem der Buddha seine Erleuchtung erfahren hatte, aus Bodh Gaya nach Sri Lanka. Auf einer Plattform im Maha Vihara ist der heilige Baum bis heute Ziel unzähliger Gläubiger. Täglich umrunden gläubige Buddhisten den Tempel und lassen sich auf der Plattform zum Gebet nieder. Der Baum selbst – der älteste belegte Baum der Erde – steht etwas erhöht auf einer weiteren Plattform

4

6

1 Dicke unter sich: Bei Sigiriya haben Elefanten Vorfahrt. **2** Meditierende im Maha-Bodhi-Tempel in Anuradhapura. **3** Die Höhlen von Dambulla liegen unter einem mächtigen Felsüberhang. **4** An der Runavelli Dagoba in Anuradhapura. **5** Treppe zu einem Wasserbecken in Polonnaruwa. **6** Granitfelsen auf dem Berg Mihintale.

und wird von einem vergoldeten Gitter geschützt. Nur wenige Glückliche dürfen gemeinsam mit Mönchen des Klosters ihre Opfergaben auf der obersten Plattform ablegen.

Anuradhapura war in seiner Blütezeit eine Großstadt mit weit mehr als 100 000 Einwohnern. Die Überreste der unzähligen Klöster und Dagobas sind weit um die heutige Stadt verteilt. Wer alles sehen will, muss mehrere Tage dafür einplanen. Von den Waldklöstern sind heute nur noch die Grundrisse erhalten; sie lassen aber die einstige Pracht noch erahnen und sind am besten mit dem Fahrrad zu erkunden. Am meisten beeindruckt sicherlich Anuradhapura, wenn zu den »Poya«-Tagen Pilgermassen erst in den Seen baden, um dann in einer Prozession zur Ruvanelli Dagoba zu ziehen und dort im Licht des Vollmondes ihre Runden um den Tempel drehen – näher kann man dem buddhistischen Lebensgefühl der Insel nicht kommen!

1 Der Maha-Bodhi-Baum ist eines der wichtigsten Pilgerziele für Buddhisten. **2** Westlich von Anuradhapura liegt der Wilpattu-Nationalpark. **3** Liegender Buddha im Isuru-Muni-Kloster in Anuradhapura. **4** Prozession an der Runavelli Dagoba in Anuradhapura. **5** Elefanten beim Bad im Pinawela-Elefanten-Waisenhaus.

Eine ähnliche Atmosphäre atmet immer noch Mihintale, das man auf keinen Fall verpassen sollte. Über 1800 Stufen führen auf den rund zehn Kilometer von Anuradhapura entfernt liegenden Berg, wo Höhlentempel und Dagobas sowie die stille Schönheit des Berges Besucher in ihren Bann schlagen. Nach 421 Stufen ist bereits die mittlere Ebene erreicht, die man auch über die alte Straße erreichen kann. Oberhalb des Parkplatzes liegt der Stupa Kantaka Cetiya, neben dem Felsen, der einst Einsiedlern Unterschlupf bot und auf dem heute Affen herumtollen. Grandios ist die Aussicht vom Ardhana Gala, dem »Fels der Einladung«, auf die Mahaseya Dagoba, das zu Füßen des Felsen liegende Hauptheiligtum, und auf die umliegende Landschaft.

Polonnaruwa hatte seine Glanzzeit im 11. und 12. Jahrhundert. Bis dahin war die Stadt immer dann als Rückzugshauptstadt in Erscheinung getreten, wenn südindische Invasionen Anuradhapura be-

drohten. Pollunaruwa war in dieser Zeit eher ein Armeelager mit Fort als Hauptstadt. Just dieses Fort erwählte sich der südindische Herrscher Rajendra I. in seiner Herrschaftszeit (1014–1042) als Residenz. Unter der Herrschaft der Chola-Dynastie, die von Tamil Nadu aus weite Teile von Süd- und Südostasien beherrschte, verschwand der Buddhismus weitgehend aus Sri Lanka. Als es 1070 gelang, die Chola zu vertreiben, blieb Polonnaruwa die Hauptstadt. Ihre Blütezeit erlebte die Stadt in der zweiten Hälfte des 12. Jahrhunderts; damals war die singhalesische Bevölkerung längst wieder zum Buddhismus zurückgekehrt. In dieser Zeit entstanden all die Bauwerke, die sich heute auf der Liste des UNESCO-Weltkulturerbes wiederfinden.
Doch nach einem neuerlichen Einfall aus Südindien wurde die Stadt aufgegeben. Vom Dschungel überwuchert lag sie im Dornröschenschlaf, bis sie 1820 wieder erweckt wurde. Allen voran begeistern die Steinreliefs des Gal Vihara. In erhabener Würde sitzt hier ein etwa viereinhalb Meter hoher, meditierender Buddha vor einem im Fels angedeuteten Torbogen. Ein anderer sitzender Buddha wird von Vishnu und Brahma flankiert. Fast noch beeindruckender aber ist ein zwölf Meter langer liegender Buddha, der in vollkommener Ruhe ins Nirwana gleitet.

Zeit für das Kulturdreieck

Anreise und Reisezeit

Vom Internationalen Flughafen Bandaranaike International Airport ca. drei bis fünf Stunden mit dem Bus. Zugverbindungen von Colombo nach Anuradhapura und Polonnaruwa, Busverbindungen von Kandy aus zu fast allen Orten.
Beste Reisezeit: im europäischen Sommer. Von Oktober bis Dezember fallen die meisten Niederschläge, die aber meistens nicht lange anhalten, sodass das Kulturdreieck ganzjährig gut zu bereisen ist.

Unterkunft

Ulagalla Resort***** Luxuriöse Bungalows in tropischer Natur, 20 Minuten von Anuradhapura entfernt. Schöner Park, privater Pool, Spa-Bereich im Grünen. Thirappane, Anuradhapura, Tel. 025-2 05 02 80, E-Mail: reservations@ugaescapes.com, Website: www.ugaescapes.com
Palm Garden Village*** Gepflegte Anlage in großem Park, schöner Pool; beste Unterkunft in Anuradhapura, Ayurveda Center. Puttalam Road, Pandulagama, Anuradhapura, Tel. 025-2 22 39 61/62, E-Mail: pgvh@sltnet.lk, Website: www.palmgardenvillage.com
Galkadawala Forest Lodge** Wohnen in der Natur mit Abenteuer-Spielplatz vor der Tür, ideal für Familien. Galkadawala, Palugaswewa, Habarana, Tel. 077-3 73 28 55, E-Mail: maulie.de.saram@gmail.com, Website: www.galkadawala.com
The Other Corner** Rustikales Eco-Resort in günstiger Lage zur Erkundung des Kulturdreiecks. Naturnahes Wohnen in einfachen Bungalows, gutes Essen. Elefantensafaris, Vogelbeobachtung. Anuradhapura Road, Laksirigama, Habarana, Tel. 011-7 39 95 00, 077-3 74 99 04, E-Mail: toc@starrongroup.com, Website: www.tocsrilanka.com

Sehen und erleben

Tierbeobachtung in den Nationalparks der Region: Im Minneriya-Nationalpark und im weiter nördlich liegenden Kaudulla-Nationalpark kann man in der Trockenzeit Elefanten und Vögel sehen.

Ziele in der Umgebung

Pinnawala-Elefanten-Waisenhaus, auf dem Weg: So schön wie hier beim Bad im Fluss lässt sich eine Elefantenherde wohl kaum beobachten.

5

Auskunft

www.srilanka.travel
www.srilankatourism.de
www.urlaub-srilanka.com

1

2

3

Nah am Wasser gebaut – Amya Lake Resort

Dambulla ist der erste Ort im »Kulturdreieck«, der von Colombo oder Kandy aus erreicht wird. In dem zunehmend flacher werdenden Land erinnern noch vereinzelt Felsen und Hügel an das Bergland. Einer dieser Granitbuckel beherbergt die Höhlen von Dambulla, in denen seit mehr als zwei Jahrtausenden ein buddhistisches Höhlenkloster angesiedelt ist. In dieser Landschaft liegt der Kandalama Tank, einer der vielen Wasserspeicher im Flachland nördlich der Berge, die die Blüte des »Kulturdreiecks« erst ermöglichten. Wald und Berge umgeben den See, ein Inselchen trägt zum natürlichen Erscheinungsbild bei. Tatsächlich sind viele der künstlichen Seen weit über eintausend Jahre alt und wurden längst vollständig in die Natur integriert.
Mitten in die Natur eingebettet und idyllisch am Kandalama Stausee gelegen präsentiert sich das »Amya Lake Resort«. Der weitläufige Park mit gepflegten Rasenflächen zieht sich am Ufer des Sees entlang, der, wenn auch nicht zum Baden, so doch zum morgendlichen oder abendlichen Spaziergang einlädt. Der große Pool und die »Lake Bar« greifen das Motto »nah an der Natur« auf. In der nach allen Seiten offenen Bar kann man gemütlich sitzen und die Umgebung auf sich wirken lassen. Auch das Freiluftrestaurant »Samara« punktet mit seiner modernen Konstruktion unter einem hohen Dachgiebel.
Die edel eingerichteten Bungalows verteilen sich im Park. Die Superior Chalets haben neben einer Veranda mit Blick in den Park auch noch einen eigenen, blickgeschützten Pool. Elegant und großzügig gestaltet sind auch die Deluxe Chalets. In den lichtdurchfluteten Räumen bildet dunkles Holz einen schönen Kontrast, setzen Gelbtöne warme Akzente.
Das in einem eigenen Gebäude im Park untergebrachte ayurvedische Spa führt die Linie des Hotels fort. Auch hier verbinden sich Innen und Außen in perfekter Harmonie, dringen die Geräusche und Gerüche der Natur bis in die Behandlungsräume. Wunderbar entspannend wirkt das Blütenbad in der aus einem Felsen geschlagenen Wanne. Oder wie wäre es mit einer belebenden Massage? Das Angebot reicht von der Fußzonenreflex-Massage über die ayurvedische Shirodhara Massage, bei der Öl auf das Dritte Auge auf der Stirn tropft, bis hin zur Sambahana Massage, einer Ganzkörperbehandlung mit Öl.

5

4

1 Luftiges Restaurant am Pool des Amaya Lake bei Dambulla. **2** Großzügiger Bungalow **3** Pool und Bungalows liegen in einem weitläufig angelegten Park am See. **4 und 5** Zum Angebot gehört eine Ayurveda Abteilung.

Zeit für Amya Lake at Dambulla***/****

Schöne, aber verhältnismäßig teure Anlage, idealer Ausgangspunkt für die Erkundung von Dambulla und Sigiriya. Sehr schöne Deluxe Chalets in weitläufiger Parkanlage am Ufer des Kandamala-Sees. Großer Swimmingpool. Mehrere gastronomische Einrichtungen. Ayurveda-Spa und Yogazentrum. Viele Möglichkeiten der Naturbeobachtung. Dschungeltouren und Elefantensafaris können gebucht werden. Etwa drei bis vier Stunden Fahrzeit bis zum Internationalen Flughafen Colombo, 15 Minuten bis Dambulla, 30 Minuten bis Sigiriya.

Kap Ela, Kandalama, Dambulla
Tel. 06 64-46 15 00, 06 62-28 68 23/5,
Reservierungen: 01 14-76 78 41/888
E-Mail: amayalake@amayaresorts.com
Website: www.amayalake.net

1

2

3

Zwischen Bambus und Reisfeldern – Jetwing Vil Uyana

Wenn ein Hotel vom Magazin *National Geographic* zu den 25 Top Eco-Lodges der Welt (2013) gezählt wird, darf man gespannt sein. Als passenden Einstieg bietet die Anfahrt nahezu ungezähmte Wildnis, wie das bei vielen Tophotels in abgeschiedener Lage auf Sri Lanka der Fall ist. Die Reisfelder rund um das Resort sehen sehr gepflegt aus, tatsächlich aber kommen nachts wilde Elefanten bis an den Bambushain, der das Hotel umgibt. In der direkten Umgebung leben mehr als hundert, zum Teil seltene Tierarten.

Auch innerhalb der Bambus-Einhegung ändert sich das Bild nur wenig: Reisfelder und Teiche prägen das Gelände. Auch wenn es verlockend erscheint, vom Pool in den tiefer gelegenen See zu springen, ist das nicht ratsam, denn die Krokodile, die auf einer kleinen Insel im See dösen, sind keine Nachbildungen!

Durch die grünen Reisfelder führen breite Holzstege zu den auf dem Gelände weit auseinanderliegenden luxuriösen Bungalows. Die auf Pfählen errichteten Häuschen verstecken sich hinter hohem Rohr, man sieht von ihnen kaum mehr als das grasgedeckte Dach und gelegentlich eine verglaste Front. Im Inneren findet man einen großen, mit Bambusmatten ausgekleideten Raum unter einem hohen Dachgiebel. Eine Holzwand schirmt Bad und Toilette ab, in einer Nische neben dem Himmelbett steht die mit Holz verkleidete Wanne.

Einige der Villen haben einen eigenen kleinen Pool. Am großen, wunderschön angelegten Hauptpool kann man sich in einen der bequemen Sessel in der auf Pfählen ruhenden Bibliothek sinken lassen und den Blick übers Gelände genießen. Dort schließt sich das Restaurant an, das von mächtigen Stämmen getragen wird. Es ist wie eine offene Halle gebaut und erinnert von der Konstruktion her ein wenig an eine Scheune. Für den Bau wurden ausschließlich Naturmaterialien verwendet, den Raum zieren traditionelle Wandmalereien. Hier wird feinste Küche à la carte serviert, ein Stockwerk tiefer, am Pool, werden Haute Cuisine oder traditionelle Ayurveda-Speisen kredenzt.

Auf einem Inselchen im See liegt das Spa; Ayurveda-Behandlungen werden in einer separaten Anlage durchgeführt. Man verlässt das Resort nur ungern und wenn, dann, um den weltberühmten »Löwenfelsen« in Sigiriya oder die Höhlen in Dambulla zu besuchen.

1 Schon in der Hotellobby erkennt man den eigenwilligen Stil des Hotels. 2 In den großzügigen Bungalows dominieren Naturmaterialien. 3 Die Bungalows liegen zwischen Reisfeldern und Seen inmitten der Natur. 4 Ayurvedische Speisen in Perfektion. 5 Raum zum Relaxen am Pool.

Zeit für Jetwing Vil Uyana*****

Kaum zu verheimlichen: Dies ist die absolute Lieblingsunterkunft des Autors. Es gibt viele schöne Hotelanlagen, aber keine, die sich so von einer so großzügigen und doch naturnahen Seite zeigt. Das Hotel ist nur wenige Kilometer von Sigiriya entfernt und daher auch ein idealer Stützpunkt zur Erkundung des Kulturdreiecks. Polunnaruwa und Anuradhapura liegen eine bis anderthalb Fahrstunden entfernt. Die Fahrt zu den Ruinen der Felsenfestung Sigiriya dauert nur zehn Minuten, zu den Höhlentempeln von Dambulla etwa 20 Minuten.

Vil Uyana, Rangirigama, Sigiriya 0094,
Tel. 066-4 92 35 85-6,
E-Mail: viluyana@jetwinghotels.com,
Website: www.jetwinghotels.com/jetwingviluyana

Zeit für sich: Auch Meditation und Yoga gehören zur ayurvedischen Behandlung.

Anhang

Kleines Ayurveda-Glossar

Abhyangam »die große Einölung«, eine Ölmassage in Richtung des Blutkreislaufs zumeist als Wellness-Behandlung synchron von zwei Masseuren durchgeführt, z.B. gegen Schlaflosigkeit, Übergewicht und Erschöpfung
Agni Verdauungsenergie
Ayur Leben
Charaka (sushruta) samhita eine der ältesten Textsammlungen zu Ayurveda (350 n.Chr.)
(Shiro-)Dhara (Stirn-)Guss mit warmem Öl, Kräuter- oder Buttermilch, z.B. gegen Hautkrankheiten, Kopfschmerzen, Schlafstörungen
Dosha die drei wichtigsten Bioenergien bzw. Konstitutions-Typen Vata, Pitta und Kapha (meist Misch-Typen)
Kapha ausgeglichen und ruhig wirkender Typ, oft übergewichtig, aber mit langer Lebenserwartung (phlegma-dominierter Typ, dominierende Elemente: Erde und Wasser)
Karnapooranam *(karna purana)* Ohren-Behandlung, bei der mit Heilkräutern versetzter Rauch ins Ohr geführt wird, z.B. zur Reinigung und gegen Ohrerkrankungen
Kativasthi Rückenmassage, bei der warmes Öl in einen Kräuterteigring auf der Lendenwirbelsäule gegossen wird und dort bis zu 60 Minuten lang einwirkt, gegen Rückenbeschwerden
Kayakalpa chikilsa Immun-Kur, die Abwehrkräfte stärkt und angeblich Alterungsprozesse aufhält (in Kombination aus diversen hier genannten Anwendungen, u.a. der Panchakarma-Reinigung)
Kumara abhyanga indische Babymassage
Lepanam eine medizinische Kräuterpaste, die auf entzündete Stellen aufgetragen wird, z.B. bei Hautkrankheiten, Gicht und Arthritis
Malas Ausscheidungen
Manasanthy »Stress-Management«-Kur mit Yoga, Meditation und diversen ayurvedischen Behandlungen
Mukhalepam Schönheitsbehandlung mit Cremes, Puder und Früchten, v.a. im Gesicht, gegen Falten, Pigmentstörungen, Cellulitis
Nasayam Nasenreinigung mit Kräuteröl und Puder, z.B. gegen Schlaflosigkeit, stressbedingte und psychische Krankheiten (bei Panchakarma-Reinigung)
Navrakizhi *(njavarakizhi)* Massage, bei der in warmes Öl getränkte Baumwollsäckchen (die mit Heilkräutern bzw. Reis gefüllt sind) von zwei bis vier Masseuren auf den Körper geklopft werden, z.B. bei Gelenkentzündungen, Prellungen, Bluthochdruck und Hautkrankheiten
Ojas Abwehrkräfte
Panchakarma (theoretisch) fünffache und sehr effektive Reinigungstherapie durch alle Körperöffnungen, inkl. der Blutreinigung
Pariksha *(pareeksha)* Untersuchungs- bzw. Anamnese-Methoden durch Beobachten (*darsana pariksha*), Befragen (*prasna pariksha*) und Berühren (Abklopfen, Abhören – *sparsana pariksha*) sowie die wichtige Pulsdiagnose (*nadi pariksha*)
Pitta *(pitha)* zur Unbeherrschtheit oder Abenteuern tendierender Typ mit durchschnittlicher Lebenserwartung (dominierendes Element: Feuer)
Pzichil *(pizhichil)* »Ölbad«-Massage, durch zwei bis vier Masseure gleichzeitig vorgenommen, z.B. gegen Rheuma, Lähmungen
Raktamokshana *(raktha moksha)* Blutreinigung durch Aderlass mit Blutegeln oder Anstechen/Ritzen von Venen (bei Panchakarma-Reinigung)
Rasa shastra schwermetall- bzw. mineralhaltige Ayurveda-Medizin, die wegen ihres nachgewiesenermaßen teilweise zu hohen Blei- und Quecksilbergehalts in die Kritik geraten ist
Rasayana chikilsa *(rasayna tantra)* oft als »Verjüngungskur« vermarktet, es ist aber einer der acht ayurvedischen Wissenszweige (von Allgemeiner Medizin über Kinderheilkunde bis Toxikologie), die eigentlich nichts weiter als »Altersheilkunde« (Geriatrie) bedeutet
Sandhi vatha chikilsa Rheuma-Kur (in Kombination aus diversen hier genannten Anwendungen)
Shirovasti Kopfbehandlung mit einem zylinderförmigen Hut, in den lauwarmes Öl gegossen wird, v.a. bei schweren Kopfschmerzen
Siddha Vaidya Gesundheitssystem, das dem Ayurveda vorausgegangen ist und dessen Ursprung in der Induskultur der drawidischen Völker liegt
Sidhma chikilsa Schuppenflechtenkur
Snehana karma Öltherapie
Snehapanam orale Einnahme von medizinischen Ölen oder Ghee/Butterschmalz, z.B. gegen Hämorrhoiden, Schuppenflechte, Gelenkarthrosen
Sodhana chikilsa Körperreinigungs-Kur im weiteren Sinne (auch mit Panchakarma-Reinigung)
Sukhanidra Schlaf- und Stresskur
Swasa kasa chikilsa Kur für die Atemwege
Swastha ein Mensch, der körperlich, geistig und seelisch im Gleichgewicht ist
swedana karma Schwitztherapie
Thalam Puder-Kräuteröl-Mischung, die auf den Kopf aufgetragen wird, z.B. gegen HNO-Beschwerden, Migräne, Schlafstörungen
Tharpanam Reinigungsbehandlung vom Auge
Tridosha *(tridhatu)* die drei Kombinationen aus den fünf Elementen (Äther, Luft, Feuer, Wasser, Erde), aus denen jede Substanz im ayurvedischen System besteht
Udvarthanam Pudermassage, z.B. gegen Hautkrankheiten
Urovasthi Brust-Massage, bei der warmes Öl in einen Kräuterteigring auf der Brust gegossen wird und dort bis 45 Minuten einwirkt, z.B. gegen Atemwegsbeschwerden und Herzkrankheiten

1

Vaidya ***(vaidye)*** traditioneller Ayurveda-Arzt/Ärztin mit abgeschlossenem Studium
Vajikarana die »Hengst-Kraft-Maschine«, aphrodisische Mittel für Mann und Frau, die die sexuelle Kraft stärken sollen, z. B. Sesam- und Lotossamen, Bockshornklee, Spargel, Safran und rohe Zwiebeln
Vamana orale Brechtherapie (bei Panchakarma-Reinigung)
Vasti ***(vasthy)*** Einlauf mit Kräuterölen und Pflanzenextrakten, z. B. gegen Arthritis, chronische Verstopfung, Magen-Darm-Beschwerden (bei Panchakarma-Reinigung)
Vata ***(vatha)*** eher nervöser, labiler und schlanker Typ mit kurzer Lebenserwartung (dominierendes Element: Wind)
Veda Wissen(-schaft)
Virechana orale Abführtherapie (bei Panchakarma-Reinigung)
Yoni prakshalanam Kräuteröle und -tinkturen, die in die Vagina eingeleitet werden, beispielsweise bei Frauenleiden

Kleines Hinduismus- und Buddhismus-Glossar

Aarti religiöse Zeremonie der Hindus mit Öllampen
Ananda Glückseligkeit
Apsara himmlische nymphenhafte Tänzerinnen als Tempelreliefs
Ashram Meditationszentrum
Avatar Inkarnation
Bhikku buddhistischer Mönch
Bodhi-Baum ein heiliger Baum, meist ein Ableger des Feigenbaumes, unter dem Buddha vor 2500 Jahren seine Erleuchtung erlangte
Bodhisattva Buddhist auf dem Weg zur Erleuchtung (im Mahayana-Buddhismus, etwa in China, Vietnam und Japan, verzichtet der Bodhisattva auf das Nirwana, um zuerst andere dorthin zu geleiten)
Brahmanen höchste hinduistische Kaste
Dagoba/Stupa buddhistisches Heiligtum in Kuppelform mit (Buddha-)Reliquie im Inneren
Dharma Religionsgesetz im Hinduismus und Buddhismus (»die Lehre Buddhas«), auch den Kosmos und die Natur betreffend
Gana zwergenähnliche Wesen, etwa an den Wächtersteinen
Gopuram meist mit bunten Götterfiguren geschmückter Torturm als Eingang hinduistischer Tempel
Guru spiritueller Führer, Lehrer oder Heiliger
Holi religiöses Farbenfest im Februar/März
Karma Schicksalsgesetz, nach dem gute Taten im jetzigen Leben zur Belohnung im nächsten Leben nach der Wiedergeburt führen
Mahabharata hinduistisches Volksepos
Makara mythologisches drachenförmiges Wesen aus meist sieben Tieren
Mandapa Säulenhalle
Mantra Gebetsformel
Mudras Handgesten, -stellungen, zumeist im Buddhismus
Naga uralte Gottheiten in Gestalt einer mythologischen Schlange (zumeist Kobra wie der Naga-King) oder Drachen
Nirwana Ende des Kreislaufs der Wiedergeburten durch die Erleuchtung als höchstes buddhistisches Ziel, Ende des Daseins
Parayans Kaste der Unberührbaren in Kerala
Perahera religiöse Prozession mit Tänzern und Musikanten, teils mit Elefanten und Kavadi-Trägern (Büßer-Gestell)
Pooram Erntedankfest
Poya buddhistischer Feiertag an jedem Vollmond (Büros und Läden sind dann meist zu)
Puja (hinduistische) Zeremonie im Tempel
Rishi weiser Mann und Prophet

2

Sadhu heiliger Mann und Asket
Sanskrit alte indische Hochsprache
Shakti kosmische Lebenskraft im Hinduismus
Theyyam uraltes indisches Tempelritual und Tanztheater, bei dem die Tänzer, teils in Trance, als Götter mit riesigem Kopfschmuck auftreten
Thullal Tanztheater mit leuchtend geschminkten Gesichtern und ausdrucksstarker Mimik
Tripitaka die in »drei Körbe« geteilte Lehre Buddhas
Vatadage Rundtempel, früher mit Dach
Vihara buddhistisches Kloster und Tempel
Yoni weibliches Fruchtbarkeitssymbol in Vagina-Form

Praktische Hinweise – Indien

Verkehr

Flüge (Domestic Air Services): Außer den zur Privatisierung anstehenden Indian Airlines gibt es mehrere private Linien, zum Beispiel Jet Airways. Inder sind reisefreudig, die Flüge sind häufig ausgebucht und müssen Tage oder Wochen vorher bestellt werden. Flugtickets sind mindestens so teuer wie in Europa, es gibt aber Sondertarife und Ermäßigungen für Jugendliche. Reservierungen werden computerisiert zentral vorgenommen. Von westlichen Reisenden wird oft Bezahlung in Dollar oder Euro verlangt. Nicht vergessen: Rückflug 48 bis 36 Stunden vorher bestätigen lassen! Wenn man nicht mindestens 30 Minuten vor Abflug eincheckt, gibt es keine Rückerstattung, ebenso wenig bei Verlust des Tickets. Verspätungen kommen vor, sind aber nicht die Regel. Mehrere Flughäfen werden derzeit ausgebaut und vergrößert. Der Internationale Flughafen Kochi öffnet sich mehr und mehr Fluglinien.
Die wichtigsten Fluglinien: Air India, Büro Deutschland: Tel. 0 69-25 60 04-0, E-Mail: info@airindia.de, Website: www.airindia.de; Indian Airlines, Büro Neu-Delhi: Tel. 00 91-11-5 48 33 27, Website: www.indian-airlines.nic.in; Jet Airways, Büro Neu-Delhi: Tel. 00 91-11-39 84 11 11, Website: www.jetairways.com

1 Behandlung mit Heilschlamm im Jetwing Ayurveda Pavilions in Negombo. **2** Die hohe Tempelhalle in Dikwella wird von einem sitzenden Buddha dominiert.

Bahn: Gandhi fuhr mit dem Zug durch ganz Indien, um das Land wirklich kennenzulernen. Der Fortschritt hat einige Bequemlichkeit, Schlaf- und Liegewagen, Schlafsessel, Klimaanlagen möglich gemacht, daher ist Bahnfahren heute noch mehr zu empfehlen, wenn manche Einrichtungen auch nicht so gut wie im guten Hotel funktionieren. Das Schlafwagen-Zweibettabteil kommt kaum billiger als Flugtickets, insgesamt sind Bahntickets aber viel preisgünstiger als in Europa. Fahrpläne: Die Broschüre »Trains at a Glance« ist sehr nützlich (zu kaufen an größeren Bahnhöfen). Viele Bahnhöfe haben spezielle Touristenschalter. Für Frauen gibt es extra Schalter – oder sie können einfach vorn in die Reihe gehen, das ist so üblich. Für Platzreservierungen ist oft ein zweiter Schalter aufzusuchen. Also: Zeit mitbringen! Die Stunden vergehen schnell beim Fahrkartenkauf. Ein »Indrail-Pass« kann schon zu Hause erstanden werden, kostet harte Währung, ist teuer, aber erspart die Mühe des Fahrkartenkaufs und der Reservierung. Auskünfte bei den Government of India Tourist Offices. Die neue Nord-Süd-Verbindung der Konkan-Bahn von Mumbai nach Kerala kostet 50 Prozent mehr als andere Fernzüge.
Busse: Extrem unterschiedlich in der Qualität, aber relativ schnelle Verkehrsmittel. Die Fahrer steuern ihre Gefährte auch über schlechte Straßen in rasendem Tempo, man wird gnadenlos durchgeschüttelt, oft auch in »luxury coaches«. Dröhnend laute Videofilmmusik durchdringt auch Ohrstöpsel. Aber: Wenn man Humor hat, gibt es auf einer Busfahrt besten Erinnerungs- und Erzählstoff!
Mietwagen: Für Touristen gibt es sie in der Regel nur mit Fahrer, denn indische Verkehrssituationen und indischer Fahrstil sind anders als in der westlichen Welt. Internationale Agenturen sind teuer, verlässliche indische Agenturen haben meist sehr gute Englisch sprechende Fahrer und sind auch preislich zu empfehlen. Wichtig für die Reiseplanung: Durchschnittsgeschwindigkeit kaum über 40 km/h, oft nur 30 km/h! Erste vierspurige Autobahnen sind entstanden, mehrere Großprojekte in Planung.

Hotels

Die Sterne der Hotels entsprechen folgenden Preisklassen, inkl. Steuern für zwei Personen im Doppelzimmer, nicht überall mit Frühstück. Ab *** ist u.a. eine Klimaanlage (AC) üblich.

1 Tausende von Tänzern, Akrobaten und Trommlern nehmen an der Kandy Perahera teil. **2** Das World Trade Center in Colombo. **3** Im Kumarakom Lake Resort, idyllisch am Vembanad-See gelegen, wähnt man sich im Paradies auf Erden.

* 25–50 Euro
** 50–100 Euro
*** 100–200 Euro
**** 200–300 Euro
***** über 300 Euro

Die Angaben sind ohne Gewähr, die Preise können sich durch veränderte Steuern erhöhen oder verringern. In oberen Klassen kann bei mehrtägigem Aufenthalt über Preise verhandelt werden, und es gibt zahlreiche Sonderangebote.

Reservierungszentralen der wichtigsten Hotelketten

cghEarth Group of Hotels, Kochi 682003 Kerala, Tel. 00 91-4 84-66 82 21, www.cghearth.com
HRH Group of Hotels, Udaipur 313001 Rajasthan, Tel. 00 91-2 94-2 52 80 16, Tel. gebührenfrei: 1 60 01 80 29 33, Website: www.hrhindia.com
Indian Heritage Hotels Association, Jaipur 302001 Rajasthan, Tel. 00 91-1 41-2 37 20 84, 2 37 11 94, 2 37 41 30, 2 37 41 12, E-Mail: info@indianheritagehotels.com, Website: www.indianheritagehotels.com
Karni Group of Hotels, The Management, Karni Bhawan, Palace Rd., Jodhpur 342006 Rajasthan, Tel. 00 91-02 91-2 51 21 01, 2 51 21 02, E-Mail: karnihotels@satyam. net.in, Website: www.karnihotels.com
Kempinski/Leelaventure, Tel. Reservierung in Deutschland: 0 08 00-42 6313 55 (gebührenfrei), Website: www.theleela.com
Oberoi Hotels and Resorts, Neu-Delhi 110003, Tel. Reservierung in Deutschland: 0 08 00-12 340101 (gebührenfrei), E-Mail: reservations@eih-india, Website: www.oberoihotels.com
Taj Hotel Resorts and Palaces, Mumbai 400001, Tel. Reservierung in Deutschland: 08 00-1-85 2615 (gebührenfrei), Website: www.tajhotels.com
Trident Hilton Hotels, Delhi 110054, www.trident hilton.com
WelcomHeritage, Neu-Delhi 110017, Tel. 00 91-11-2626 66 51, E-Mail: welcom@ndf.vsnl.net.in, Website: www.welcomheritage.com.
Falls Hotel-Websites zeitweilig oder ganz geschlossen sind, hier eine Adresse mit vielen Infos und Hotelreservierungen: www.indiahotelsandresorts.com

Information

Indisches Fremdenverkehrsamt, Baseler Str. 46, D-60329 Frankfurt/M., Tel. 069-24 29 49-0, E-Mail: info@india-tourism.com, Website: www.india-tourism.com

ComIndia, Indo-German Tourism Venture, Thiruvananthapuram 695041, 9/432, Jawahar Nagar, Tel. 00 91-4 71-1 24 57 85, 1 24 58 71, E-Mail: info@comindia.com
Comtour Communication and Tourism (Reiseagentur, speziell für Indien, auch für Individualreisen), Hans-Joerg Hussong, Ruhrstr. 40, D-45219 Essen-Kettwig, Tel. 0 20 54-9 54 70, E-Mail: info@comtour.de, Website: www.comtour.de
Metropole Tourist Service, Luxury Car Rentals (auch normale Mietwagen, Individualreisen), No. 244, Defence Flyover Market, Neu-Delhi 110 024, Tel. 00 91-11-24 31 03 13 und 24 31 22 12, E-Mail: metropole@vsnl.com
Tourindia Holidays (P) Ltd. (Kreative Reiseagentur: Hausboote, Leihwagen), P.B. Nr. 163, M.G. Road, Thiruvananthapuram 695001, Kerala, Tel. 00 91-4 71-2 33 04 37 und 2 33 15 07, E-Mail: tourindia@vsnl.com und tourindia@asianetindia.com, Website: Website: www.tourindiakerala.com

Telefon

Die Vorwahl von Deutschland nach Indien ist 0091. Vorwahl von Indien nach Deutschland 0049, in die Schweiz 0041, nach Österreich 0043. In allen Städten gibt es preisgünstige private Telefonagenturen.

Einkaufen

Hoffentlich haben Sie Platz im Koffer! Es gibt so viele herrliche Dinge – Seide, Metallarbeiten, Schnitzereien, handgeschöpfte Papiere ... Wenn nicht: Die State Emporiums und die Ladenarkaden der Spitzenhotels schicken die Einkäufe überallhin. Auf dem Landweg ist es nicht zu teuer, dauert aber ca. drei Monate. Vorsicht bei kleineren Läden: Sicherer Versand wird zugesagt, aber schwarze Schafe verpacken statt des erworbenen Objekts Billigeres oder sparen sich die Sendung ganz. Auch selbst versandte Pakete treffen zu Hause ein, doch das Abschicken ist umständlich (Ausfüllen von Formularen, vor dem Postversand muss man die Pakete in Stoff einnähen und versiegeln lassen). Übrigens ist laut Zollabkommen indisches Kunsthandwerk zollfrei.

Essen und Trinken

Keine Angst vor indischem Essen! Eine Vielfalt von Geschmackserlebnissen erwartet den Gast. Da reizt die Schärfe der südindischen Speisen die Zunge, da ist die raffinierte Mogul-Küche des Nordens mit sahnigen, üppigen Gerichten, in denen Rosinen und Nüsse sich mit Gewürzen und zartem Fleisch treffen, da gibt es Köstlichkeiten vegetarischer Art in den Thalis von Gujarat, und der Gast lernt, dass nicht Wasser, sondern milder Joghurt *(raita)* sofort Hilfe leistet. Getränke entsprechen, soweit süß, geschmacklich den unseren. Indischer Wein ist selten, neigt zur Süße; das Bier ist sehr erfrischend. Es gibt auch indischen Cognac, Whisky etc.; importierte Weine und Spirituosen sind sehr teuer. Spezialitäten sind u. a. der Feni in Goa (Schnaps aus Cashew oder anderen Früchten), und der gleichfalls südindische Toddy, aus dem Saft von Palmen. Dem Klima angepasst und nur leicht alkoholisch ist Gin Tonic.

Gesundheit und Ayurveda

Man erkrankt in Indien nicht schwerer und häufiger als in anderen tropischen und subtropischen Reiseländern. Vorausgesetzt, man erlaubt seinem Körper eine Zeit der Gewöhnung, sowohl bei Anstrengungen (Bergtouren, Nachtleben) als auch beim Essen. Zunächst sollte man nur gekochte Speisen in sauberen Restaurants, Markengetränke aus originalverschlossenen Flaschen und gekochten Tee zu sich nehmen. Viel trinken, mehr als man Durst hat – bei Hitze müssen Wasser und Mineralien ersetzt werden. Bei fehlendem Appetit wenig essen, Magenverstimmungen sind meist harmlos und durch Tee-und-Toast-Fasten zu kurieren. Nach einer Gewöhnungsphase kann man auch gewaschenes Obst, Salat aus geschältem Gemüse o. Ä. genießen. Impfungen sind nicht Pflicht (es sei denn, man reist aus Gelbfieber-Gebieten ein), doch empfohlen wird Impfschutz gegen Hepatitis B, gegen asiatische Hirnhautentzündung, gegen Tetanus und Polio. Wegen der Malariaprophylaxe, die man schon lange vor Reiseantritt beginnt, sollte man seinen Hausarzt fragen. Was tun, wenn ärztliche Hilfe gesucht wird? Die Hotels, vor allem die der Ober- und Spitzenklasse, haben »doctor-on-call«-Service und geben Adressen zuverlässiger Ärzte auch an Touristen, die nicht im Hotel wohnen. Immer mehr Reisende kommen wegen ärztlicher Behandlung nach Indien, die von vielen guten Hotels und von leistungsfähigen Krankenhäusern in Delhi, Bangalore und anderen Zentren angeboten wird. Auch für große Operationen gibt es Spezialisten, die Kosten sind noch deutlich niedriger als in Europa oder den USA. Ayurveda, die indische Heilkunst, ist auch im Westen populär geworden. Sie beruht auf jahrtausendealter Erfahrung mit Heilpflanzen, Physiotherapie und auf den individuellen Patienten bezogenen Anwendungen und Lebenshilfen. Die immer häufiger angebotene »holistic medicine« ist eine Alternative zur westlichen Apparate-Medizin, die nicht nur einzelne Symptome, sondern den ganzen Menschen im Blick hat und östliche wie westliche Therapien einsetzt. Freilich dauert die Heilbehandlung von Krankheiten länger als ein Urlaub; die in den Hotels angebotene Ayurveda-Behandlung dient meist der Erholung und Verjüngung. Sehr alt, noch älter als Ayurveda und derzeit stark im Kommen ist die südindische Siddha-Heilkunst.

3

Praktische Hinweise – Sri Lanka

Einreise und Visum

30-Tage-Touristen-Visa für Sri Lanka sollten online beantragt werden (15 US-Dollar), Visa on Arrival sind aber bislang problemlos möglich (20 US-Dollar, Stand: 2013), siehe www.eta.gov.lk
Einige Fluggesellschaften bieten Flüge mit Umsteigen am Golf an, u. a. auch Air Berlin, Emirates, Quatar und Ethihad Airways. Diese Flüge sind in der Regel gut, deutlich preiswerter als der Direktflug mit Sri Lankan Airlines, aber auch etwas umständlicher, da u. U. mit langer Wartezeit beim Umstieg verbunden.

1

Essen und Trinken

In Sri Lanka wird oft behauptet, das heimische Essen wäre das schärfste der Welt – davon kann bei Weitem nicht die Rede sein. Zudem wird meistens nachgefragt, wie scharf das Curry sein soll. Wer »not too hot« bestellt, wird kaum Schwierigkeiten mit dem Essen haben, dafür aber immer wieder Freude an den schmackhaften Curries.
Eine besondere Spezialität sind die Hoppers, die aus einem Teig aus Reis, Palmzucker und Kokosmilch hergestellt werden. Sie werden vor allem zum Frühstück mit Curry oder Ei gegessen, sind aber auch pur sehr lecker.
Eine besondere Freude sind die vielen tropischen Früchte, die auf keinem Buffet fehlen dürfen. Da das Meer nirgends weit entfernt ist, stehen auch fast immer frischer Fisch und Meeresfrüchte auf dem Speiseplan. In den größeren Hotels wird natürlich auch europäische Küche angeboten. In den Ayurveda-Hotels ist die Küche nach ayurvedischen Vorgaben abgestimmt.

Gefahren

Nach dem Ende des Bürgerkrieges 2009 ist es wieder möglich, die ganze Insel zu bereisen. Auch für den Norden sind keine besonderen Genehmigungen mehr nötig. Allerdings ist die Infrastruktur im Norden und im Hinterland an der Ostküste oft schlecht. Vor allem im Norden droht abseits der Straßen auch Gefahr durch Minen!
Nur an Stränden schwimmen gehen, von denen sicher ist, dass sie zum Baden geeignet sind! Es kann heftige Strömungen im Meer geben, die von Land aus nicht zu erkennen sind.
Kreditkarten nicht unbeaufsichtigt lassen, am besten mit Bargeld zahlen, da es zu Fällen von Kreditkartenbetrug gekommen ist. An vielen Geldautomaten kann man problemlos Bargeld mit Kreditkarten mit PIN abheben. Vorsicht bei neuen »Freunden« und besonders guten Angeboten von Schmuck oder Edelsteinen – hier ist oft Betrug im Spiel.

Gesundheit

Auch wenn die Hygienesituation in Sri Lanka durchweg gut ist, sollten, wie immer in den Tropen, Vorsichtsmaßnahmen ergriffen werden: Impfungen gegen Tetanus, Polio und Diphtherie auffrischen, evtl. gegen Hepatitis A und B impfen lassen. Das Malariarisiko gilt in Sri Lanka als gering. Da sich das schnell ändern kann, sollte man sich am besten vor der Abreise erkundigen. Die Website des Tropeninstituts München (www.fit-for-travel.de) beispielsweise bietet gute Informationen zum aktuellen Stand. Das Denguefieber ist in den letzten Jahren verstärkt aufgetreten, insbesondere im Großraum Colombo. Es gibt keine vorbeugenden Maßnahmen gegen die Krankheit. Bester Schutz gegen Malaria und Denguefieber sind Moskitonetze und Repellents. Achtung: Dengue wird von tagaktiven Mücken übertragen, Malaria vor allem in der Dämmerung und nachts!

Information

Das Fremdenverkehrsamt Sri Lankas ist nicht wirklich hilfreich und reagiert selten auf E-Mails. Infos finden sich aber unter anderem auf der offiziellen Website www.srilanka.travel (englisch).

Telefon

Die Vorwahl von Deutschland nach Sri Lanka ist 0094. Am Flughafen und in vielen kleinen Läden in den Orten gibt es preiswerte Sim-Karten für Touristen, gut für Inlandsgespräche, aber auch um nach Hause zu telefonieren.

Unterkunft

Jenseits der hier vorgestellten Unterkünfte gibt es in Sri Lanka fast überall genug Unterkünfte, sodass man auch spontan seine Reise vor Ort planen kann. Sehr nützlich sind dabei kurzfristige Buchungen über Hotelwebsites. Über www.agoda.com lassen sich in Asien oft Hotels zum Sonderpreis buchen. Wer nicht zur Hauptsaison (rund um Weihnachten, Juli und August) reist, kann so manche der Luxushotels kurzfristig sehr viel günstiger buchen als direkt an der Hotelrezeption.

Verkehr

Flug: Reguläre Inlandsflüge gibt es in Sri Lanka praktisch nicht. Es gibt Shuttle-Flüge mit Helikopter und Air Taxis, die mit Wasserflugzeugen ab dem International Bandaranaike Airport diverse Ziele anfliegen.
Bahn: Zugverbindungen gibt es an der Westküste zwischen Puttalam im Norden und Matara im Süden. Von Colombo fahren Züge auch durch das »Kulturdreieck« bis Trincomalee und Batticaloa an der Ostküste und Vavauniya im Norden. Eine weitere Linie führt nach Kandy und von dort ins Bergland. Im Gegensatz zum Busfahren sind Bahnfahrten ein empfehlenswertes Erlebnis, das neben schönen Ausblicken auch nette Kontakte bringt.

2

Bus: Wegen der waghalsigen Fahrer und der holprigen Pisten kann Busfahren in Sri Lanka zum Abenteuer werden. Es gibt die schlechten staatlichen Busse, mit denen alle Ziele zu erreichen sind. Besser und komfortabler sind jedoch die privaten, klimatisierten Busse.
Mietwagen: Die weitaus meisten Reisenden, die ein Auto mieten, nehmen ein Fahrzeug mit Fahrer. Die kennen die Wege und den Fahrstil der Insel. Die meisten Hotels bieten auch kostenlose Unterkünfte für die Fahrer. Selbstfahren ist durchaus möglich, zumal der Verkehr jenseits des Ballungsraums von Colombo und der Strecke Colombo–Kandy überschaubar ist. Allerdings muss eine temporäre Fahrerlaubnis beantragt werden, was die Vermieter vorab erledigen können. Daher lohnt sich der Aufwand nur, wenn man mehrere Wochen selber fahren will. Empfehlenswert: Malkey Rent-A-Car, www.malkey.lk

Zeit

Im Winter + 4,5 Stunden, im europäischen Sommer + 3,5 Stunden.

DOs AND DON'Ts

Bitte ja!

Flughafen-Taxi: In Delhi, Mumbai und anderen großen Städten nimmt man ein Prepaid Taxi, das schon am Flughafen bei Nennung des Zieles zentral vorausbezahlt wird, nach festem Tarif.
Reisegeld wechseln: Am raschesten in guten Hotels, ohne Kommission, aber mit Wartezeit bei der State Bank of India.
Klima-Anpassung: Warme Kleidung (Pullover, Wollsocken) und Schlafsack mitnehmen, wenn man zwischen Oktober und Februar nach Nordindien fährt. Luxushotels heizen gut und bieten Extradecken an, andere Hotels haben oft unzulängliche Heizung und dünne Decken (Tagestemperaturen steigen bis zu 30 °C).
Etikette – Begrüßung: Mit Grüßen (Handflächen mit den Fingerspitzen nach oben aneinanderlegen) und freundlichem Lächeln freigiebig sein, im Laden, in der Bahn etc. Ein Händedruck als Begrüßung ist sogar bei westlich geschulten Geschäftsleuten seltener als in Deutschland (bei Damen nie!) Begrüßungs- und Abschiedsumarmungen nur unter Männern bzw. unter Frauen.
Trinkgelder: Je nach Höhe der Rechnung 5 bis 10 Prozent, wenn der Service korrekt war. Kofferträger erwarten je nach Hotelklasse und Gepäckumfang umgerechnet zwischen 0,50 Cent und 2 Euro. Ungerechtfertigtem Verlangen nach *baksheesh* – etwa wenn einem ungefragt Auskunft gegeben worden ist – sollte man nicht nachgeben.
Kontakte: »What country are you from?« Geduld muss man haben, denn immer wieder wird dasselbe gefragt! Besonders die jungen Leute sind stolz, ihre Englischkenntnisse anzuwenden. Also möglichst mit einem Lächeln antworten, zum hundertsten Mal seinen Namen, sein Heimatland, seine Stadt benennen, manchmal auch Persönliches freundlich preisgeben: ob man (schon lange) verheiratet ist, wie viele Kinder man hat, wie viele Geschwister, ob Vater und Mutter noch leben. Man darf durchaus zurückfragen!
Essen: Auch ungewohnte Speisen in guten Restaurants ausprobieren, Gewürze nicht scheuen, die meisten sind nicht scharf. Wer's mild mag, bestellt »not too spicy« oder »not too hot«.
Auftreten: Gepflegt auftreten! Schmutzig, unrasiert, mit filzigem Haar macht man als »Westler« schlechten Eindruck, im Hotel, Restaurant, aber auch auf den Straßen. Inder der Mittelklasse treten meist formeller gekleidet auf als Europäer.
Vorsicht mit Affen: Überall wo Affen gesichtet werden, halte man die Fenster geschlossen, draußen trage man Essbares verborgen oder fest im Griff. Die lustigen Tiere sind sehr frech.
Gesicherter Rückflug: Es ist unbedingt notwendig, das Ticket im Büro der Fluggesellschaft rechtzeitig bestätigen zu lassen. Dabei kann man sich gleich nach der Höhe der Flughafengebühr erkundigen, die man dann abgezählt bereithält.

Bitte nein!

Respektlos gegenüber religiösen Gefühlen: Schuhe an religiösen Orten anzubehalten, ist ein Reinheitsverstoß. Und wenn im Privathaus der Gastgeber die Schuhe auszieht, tun Sie es auch.
Alles fotografieren: Privatpersonen erwarten, dass man um Einverständnis bittet (gegebenenfalls durch Gesten). Im Allerheiligsten von Tempeln, bei Gottesdiensten und Leichenverbrennungen ist Fotografieren absolut tabu.
Missverständnisse unter Männern und Frauen: Touristinnen sollten nicht mit fremden Indern flirten, wenn sie nicht wollen, dass dies als Aufforderung zu mehr missverstanden wird.
Zärtlichkeiten in der Öffentlichkeit: Küssen, Arm in Arm gehen und andere Zärtlichkeiten selbst zwischen verheirateten Paaren sind außerhalb der Privatzimmer unerwünscht und anstößig.
Textilfrei: Nacktheit ist tabu, auch am Strand (sie ist nur religiösen Asketen und bestimmten Sekten erlaubt). Schulterfreies und Shorts trägt man nur im Gelände großer Hotels und Resorts.

Mit beiden Händen essen: Nur die rechte Hand ist »rein«! Inder essen oft ohne Besteck mit den Fingern – aber nie mit der Linken!
Schlepper und Nepper: Nicht auf unerbetene Angebote eingehen, sich zum preisgünstigen Laden (des Onkels, Bruders o.Ä.) führen zu lassen. Der Käufer bezahlt die Schleppergebühr (*commission*) mit! Auch ist nicht jeder, der sich als *guide* anbietet, qualifiziert.
Jedem Bettler einen Rupienschein: In der Umgebung besserer Hotels halten sich oft gewerbsmäßig organisierte Bettler auf. Besser nichts spenden – die Armen müssen meist einen großen Teil des Geldes an ihre Bosse abgeben.
Grundsätzlich: Kindern nie Geld geben, sondern Essbares, Seife, Schreibstifte.
Teure Transfergebühren: Geld sollte man sich nicht aus der Heimat nachschicken lassen müssen – das ist teuer und langwierig.
Drogen: Die Behörden kennen kein Erbarmen mit Usern und Dealern, und indische Gefängnisse sind schrecklich. Auch Cannabis-Besitz ist illegal und kann bis zu sechs Monate Haft nach sich ziehen.

1 Schon farblich erscheinen die Gewürze auf Sri Lanka viel intensiver. **2** Kinder begrüßen begeistert Besucher in den Teegärten. **3** Der Chowara Beach in Kerala beeindruckt mit seiner Breite.

Register

Impressum

Verantwortlich: Joachim Hellmuth, Stephanie Iber
Redaktion: Rosemarie Elsner, München
Korrektorat: Anke Höhne, München
Layout: VerlagsService Gaby Herbrecht, Mindelheim
Repro: Repro Ludwig, Zell am See
Kartografie: Astrid Fischer-Leitl, München
Herstellung: Bettina Schippel
Printed in Italy by Printer Trento

★★★★★

Sind Sie mit diesem Titel zufrieden? Dann würden wir uns über Ihre Weiterempfehlung freuen.
Erzählen Sie es im Freundeskreis, berichten Sie Ihrem Buchhändler oder bewerten Sie bei Onlinekauf.
Und wenn Sie Kritik, Korrekturen, Aktualisierungen haben, freuen wir uns über Ihre Nachricht an Bruckmann Verlag, Postfach 40 02 09, D-80702 München oder per E-Mail an lektorat@verlagshaus.de.

Unser komplettes Programm finden Sie unter

www.bruckmann.de

Textnachweis:
Kay Maeritz, Salzböden: S. 104–181, 187–189 (Reisehinweise Sri Lanka)
Edda und Michael Neumann-Adrian, Tutzing: S. 14–101, 185–187 (Reisehinweise Indien), 189 (DOs AND DON'Ts)
Martina Miethig, Berlin: S. 6/7, 184/185 (Glossare)
C. A. Raman, Kovalam: S. 8/9

Bildnachweis:
Kay Maeritz: S. 2 (Nr. 1+2), 3 (3+4), 4/5, 82 (2), 102/103, 104, 105 (1–3), 106 (1+3), 108 (1+3), 110 (1+2), 111 (3–5), 112 (1+2+4), 114 (2–4), 115 (5), 116 (1–3), 117 (4–6), 118 (1–3), 119 (4+5), 120 (1–3), 121 (4–6), 122 (2), 123 (3–5), 124 (1–3), 125 (4), 126 (1–3), 127 (4–6), 128 (1+2+4), 130 (1+2+4+5), 131 (6), 132 (1+2), 133 (3–5), 134 (1–3), 135 (4–6), 136 (1–3), 137 (4+5), 138 (1–4), 140 (1–4), 141 (5), 142 (1–3), 143 (4+5), 144 (1–3), 145 (4–6), 146 (1–3), 147 (4–6), 148 (1–4), 150 (1–4), 151 (5–7), 152 (1–4), 153 (5), 154 (1–3), 155 (4+5), 156 (1–3), 157 (4–6), 158 (1+2), 159 (3–5), 160 (1+2), 161 (3–5), 162 (1–4), 164 (1+3), 165 (5–7), 166 (1–4), 167 (5), 168 (1+2), 169 (3+4), 170 (1–3), 171 (4–6), 172 (1–4), 174 (1–4), 175 (5+6), 176 (1–4), 177 (5), 178 (1–3), 179 (4+5), 180 (1–3), 181 (4+5), 182/183, 184 (1), 185 (2), 186 (1+2), 188 (1+2);
Olaf Krüger: S. 1, 3 (Nr. 5), 6, 7 (2+4), 8, 9, 10 (1–3), 11 (4+5), 12/13, 14, 15 (2–5), 16 (1–4), 18 (1+2), 19 (3–5), 20 (1+2+4), 21 (5), 22 (1–3), 23 (4–6), 24 (1+2), 25 (3–6), 26 (1+2), 27 (4+6), 28 (1–4), 30 (1–3), 31 (4–6), 32 (1–4), 33 (5+6), 34 (1–3), 35 (4–6), 36 (1–3), 38 (1–3), 39 (4–6), 41 (4), 42 (1), 43 (3–5), 44 (1–3), 45 (4–6), 46 (1–4), 48 (1–3), 49 (4–6), 50 (1–4), 52 (1–3), 53 (4+5), 54 (1+3), 55 (4–6), 56 (1–3), 57 (4+5), 58 (1–4), 60 (1–4), 61 (5+6), 62 (1–4), 63 (5+6), 64 (1–3), 65 (4–6), 66 (1–4), 68 (1–3), 69 (4–6), 70 (1–4), 71 (5), 72 (1–3), 73 (4+5), 74 (1–3), 75 (4–6), 76 (1–3), 77 (5), 78 (1–3), 79 (4+5), 80 (1–3), 81 (4–6), 82 (1+3), 83 (4+5), 84 (1–4), 86 (1–4), 87 (5+6), 88 (1–3), 89 (4), 90 (1–4), 92 (1–3), 93 (4), 94 (1–3), 95 (4–6), 96 (1–4), 98 (1+2), 99 (3+4), 100 (1+2), 101 (3–5), 189 (3);
Bildagentur Huber, Garmisch-Partenkirchen: S. 108 (Nr. 2/Ripani, M.), 106 (2/Schmid, R.), 108 (4/Schmid, R.);
GlowImages, München: S. 114 (Nr. 1/Allgöwer, W.), 164 (4/Bowman, N./FLPA), 125 (5/Mehlig, M.), 112 (3/Mickael, D.);
Kumarakom Lake Resort: S. 7 (Nr. 3), 40 (1+2), 41 (5+6), 77 (4), 187 (3);
mauritius images, Mittenwald: S. 122 (Nr. 1/ AGE);
Paradisa Plantation Retreat: S. 54 (Nr. 2);
Picture Alliance, Frankfurt a.M.: S. 26 (Nr. 1/Dinodia Photo), 164 (Nr. 2/maxppp);
Shutterstock (www.shutterstock.com): S. 106 (Nr. 4/joyfull), 128 (3/Milosz_M), 130 (3/Milosz_M), 20 (3/VLADJ55);
Taj Hotels Resorts and Palaces: S. 26 (Nr. 3), 27 (5);
Taj Garden Retreat Kumakorum: S. 42 (Nr. 2), 55 (4).

Umschlagvorderseite:
Oben von rechts nach links: Wasserlilie, ayurvedischer Stirnguss, Hausboot auf den Backwaters von Kerala (alle: Krüger, O.)
Unten: Meditation ist ein wichtiger Bestandteil einer Ayurveda-Kur (Bildagentur laif, Köln/Emmler, C.)
Umschlagrückseite:
Rechts: Srilankische Elefanten beim Bad (Maeritz, K.);
Mitte: »The Brunton Boatyard« in Kochi lädt zum Träumen ein (Krüger, O.);
Links: Der liegende Buddha in Anuradhapura auf Sri Lanka (Maeritz, K.)

Die Deutsche Nationalbibliothek verzeichnet diese Publikation in der Deutschen Nationalbibliografie; detaillierte bibliografische Daten sind im Internet über http://dnb.d-nb.de abrufbar.

ISBN 978-3-7654-6824-7

www.airindia.in

एअर इंडिया
AIR INDIA

Namaskaar

Nonstop-Flüge nach Indien. Entdecken Sie Indien mit Air India

Indien entdecken mit Air India

Auf den Inlandsflügen bietet Air India von ihrem Drehkreuz Neu-Delhi täglichen Nonstop-Service zwischen Neu-Delhi und 47 verschiedenen inner-indischen Zielen.

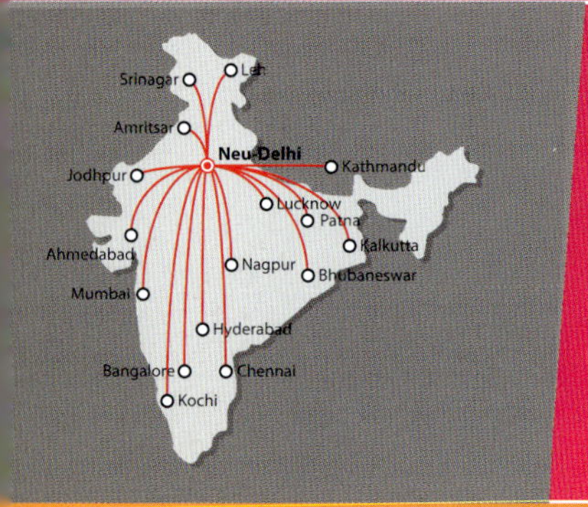

Tägliche Flüge von Neu Delhi:

- 14 Flüge nach Mumbai
- 5 Flüge je nach Kolkata, Chennai, Bangalore und Hyderabad
- 3 Flüge nach Amritsar und Patna
- 2 Flüge je nach Ahmedabad, Lucknow und Cochin
- 1 Flug nach Srinagar, Leh und Kathmandu

Tel.: +49 69 2560040 ▪ Fax: +49 69 25600445 ▪ reservations@airindia.de ▪ www.airindia.in
Baseler Str. 48 ▪ D-60329 Frankfurt am Main